AF554246

à Monsieur Le Duc de Lévis
Pair de France.



hommage de l'Auteur.

# PRINCIPES
DE
# MORALE ET DE POLITIQUE.

## APPLICATION
AU
## GOUVERNEMENT DU PEUPLE FRANÇAIS
ET AUX CONDITIONS POLITIQUES
## DE SA SITUATION ACTUELLE.

PAR H. AZAÏS.

Unité, Simplicité, Vérité.

A PARIS
CHEZ A. BOULLAND, LIBRAIRE,
RUE SAINT-HONORÉ, N. 199.
ET A LA LIBRAIRIE CENTRALE,
*Palais-Royal.*

NOVEMBRE 1829.

PARIS, IMPRIMERIE DE E. POCHARD,
Rue du Pot-de-Fer, n. 14.

# PRÉFACE:

Les Pensées que j'expose dans cet écrit ne sont que le couronnement de celles que je professe dans mes livres, et, tous les ans, dans mon jardin. Sachant, par le témoignage de mes auditeurs, qu'elles sont claires, simples, que surtout elles dissipent leurs préventions, calment leurs inquiétudes, les réconcilient avec les conditions extérieures et personnelles de leur destinée, j'ai cru que, dans les circonstances actuelles, il pourrait être utile de les résumer et d'en faire un ouvrage particulier.

Puissent-elles adoucir et faciliter le dénoûment de notre situation critique.

# PRINCIPES

## DE

# MORALE ET DE POLITIQUE.

## INTRODUCTION.

La Morale est la Science des devoirs et l'art du bonheur. Elle a pour guides la Raison et la Conscience.

La Raison est la faculté de voir les choses telles que l'Auteur de la nature les a réglées. La Conscience, en chacun de nous, est le sentiment de la justice que nos semblables méritent, et de celle que nous méritons.

La Raison, la Conscience, la Morale, ne commencent pour l'homme qu'avec l'état social, parce que l'état social développe, seul, l'intelligence humaine, et donne à chaque individu des liens, des rapports, des devoirs et des droits.

Dans l'état naturel, l'homme n'est conduit, comme les animaux, que par l'instinct, faculté irréfléchie qui porte tout être vivant à étendre ou améliorer le plus qu'il lui est possible son existence, et à la défendre contre tout ce qui peut la blesser ou la détruire. *Instinct de progrès, instinct de conservation :* là se trouve tout ce qu'il y a de général et de fondamental dans l'action vitale des êtres de tout genre et dans toutes les situations.

L'homme éclairé et développé sait se rendre raison des besoins qui servent de moteurs à ses désirs; c'est ce qui le distingue de l'homme naturel, encore réduit à l'instinct; celui-ci, dans tous les momens de son existence, agit et désire aveuglément, par impulsion organique, sans délibération intérieure. L'homme éclairé n'a pas toujours, il est vrai, le temps ou la force de délibérer en lui-même. Des circonstances imprévues lui impriment quelquefois des mouvemens irréfléchis. Mais son action, soit volontaire et préméditée, soit d'entraînement rapide et involontaire, soit ayant rapport à d'autres hommes, soit n'ayant de rapport qu'avec lui-même, son action, d'un genre quelconque, laisse toujours, dans son être, un résultat dont il a la conscience. Selon la nature de cette action, le résultat est doux ou pénible; il améliore l'existence, ou bien il lui porte atteinte; il satisfait, par conséquent, l'instinct de progrès, ou bien il provoque l'emploi de l'instinct de conservation.

L'action vitale de tous les genres d'êtres se trouvant ainsi caractérisée par ce qu'elle a de général, de constant et d'essentiel, il devient facile de fixer les principes que les Êtres intelligens doivent suivre pour régler, le mieux possible, leur conduite, ainsi que leurs désirs, sur l'ordre universel; et tel est évidemment le but de la Morale : c'est, avons-nous dit, la science des devoirs et l'art du bonheur. Que serait une Morale qui aurait pour résultat le malheur des êtres qui la pratiqueraient? et d'où émaneraient des devoirs qui seraient contredits par l'ordre imprimé à l'univers?

Il est deux classes d'Êtres d'une intelligence élevée, qui par conséquent, sont susceptibles de recevoir, dans leurs vœux et leur conduite, une direction morale; ce sont : les *hommes*, considérés *individuellement*, et les réunions sociales d'individus, ou les *peuples*. Notre sujet se trouve donc naturellement divisé en deux parties, que de nombreuses analogies lieront entre elles. La *Morale de l'individu* nous conduira à la *Morale des peuples*, à la *Politique*.

## CHAPITRE PREMIER.

### Morale de l'individu.

L'INSTINCT de progrès se signale, en chacun de nous, par les *désirs* dont il est la source, et, lorsqu'il est satisfait, par le *plaisir* que cette satisfaction nous procure.

Tout plaisir est donc pour notre être le témoignage, senti par nous-mêmes, d'un acte organique de formation, d'extension, d'amélioration ; et le degré du plaisir éprouvé sert de mesure exacte au degré de l'extension obtenue.

La nature appelant sans cesse chacun de nous à se former, se développer, à étendre et améliorer son existence, la Morale, bien loin de nous interdire le plaisir, nous invite à le goûter, à le chercher, même pour l'intérêt de nos semblables. Car, plus notre être s'est formé, développé, amélioré, plus nous sommes en état d'être utiles à nos semblables, et disposés à les servir.

Mais, quoique le plaisir accompagne chacun de nos actes organiques d'extension, de développement, d'amélioration, tout plaisir n'est point, en nous, l'indice d'un mouvement organique dont les effets ultérieurs nous soient salutaires.

Il est, au contraire, des plaisirs qui, à leur suite, plus ou moins éloignée, laissent, en nous, des effets funestes; ce sont les plaisirs qui dépassent une certaine mesure. La raison en est que notre être n'est pas formé d'un seul organe, mais d'une réunion harmonique d'organes, tous solidaires entr'eux, demandant, chacun, de l'exercice, du progrès, de l'extension, du plaisir, et capables, chacun, d'être portés à divers degrés de plaisir, d'extension, d'exercice. Or, en chacun de nous, la capacité générale d'exercice organique, ou de plaisir, est fixée par notre puissance particulière d'action vitale. Si nous savons répartir entre tous nos organes cette capacité générale, si, sans nous astreindre, dans cette répartition, à une équité rigoureuse et permanente, nous savons distribuer alternativement les faveurs dont notre tempérament dispose, de manière à ne jamais montrer, pour un ou plusieurs organes particuliers, une prédilection trop marquée ou trop soutenue, tout notre être goûte avec continuité la douceur de vivre, parce que son ensemble reste en harmonie.

Mais si nous accordons, à un ou plusieurs de nos organes, des moyens de plaisir, ou trop vifs ou trop prolongés, leur exagération de progrès est prise sur les droits et les besoins des autres organes. Ceux-ci, par défaut d'exercice, par défaut de plaisir, tombent en *souffrance;* et bientôt l'équilibre général de notre être se trouvant rompu, la souffrance le saisit en entier et s'étend spécialement aux organes que, d'abord, nous avions trop favorisés.

La souffrance, la *douleur*, est donc, en nous, le fruit d'une rupture dans le balancement des actes organiques qui sont les sources de nos plaisirs. Et de même que tout plaisir est le témoignage, senti par nous, d'un acte d'extension ou amélioration organique, toute douleur est le témoignage, senti par nous, d'un acte d'altération ou destruction organique, exactement gradué, dans sa mesure, sur le degré de cette douleur. Et comme le *désir*, né de l'*instinct de progrès*, avait précédemment appelé le *plaisir*, l'*instinct de conservation* est appelé à son tour par la *douleur* et les *regrets* qu'elle entraîne. L'instinct de conservation s'empresse alors de mettre en œuvre les moyens qu'il juge les plus efficaces de rétablir, dans l'ensemble de notre être, l'équilibre d'action vitale.

Lorsque le désordre est réparé, il reste dans notre esprit une leçon *morale*. Nous avons appris que nous devons éviter, autant qu'il nous est possible, de donner trop de vivacité à nos plaisirs, ou d'en prolonger trop la durée.

Les applications de cette maxime sont nombréuses et frappantes. Par exemple, l'instinct de formation, de développement, de progrès, nous invite plusieurs fois tous les jours à prendre des alimens, et attache toujours du plaisir à l'action de l'organe que ces alimens mettent en exercice; mais cet organe possède, comme tous les autres, la faculté de porter son exercice, son plaisir, au-delà des besoins généraux de l'économie; si cette exagération lui est accordée, il est nécessaire, pour qu'elle s'effectue, que les autres organes renoncent, en sa faveur, à une partie plus ou moins considérable de leurs droits sur la vitalité générale. Souffrants, affaiblis, ils cessent bientôt d'être en état de fournir à l'estomac lui-même les secours qui lui seraient nécessaires pour consommer une action immodérée; c'est ainsi que toutes les forces vitales se trouvent déréglées jusque dans la source chargée de les entretenir.

Passons à un autre exemple non moins simple, non moins frappant. Quel est, en nous, l'emploi le plus élevé de l'instinct de progrès? C'est de chercher à étendre notre intelligence, à la nourrir de vérités fortes et nouvelles; les plaisirs les plus nobles sont ceux que cet exercice nous procure. Mais ce genre de plaisir n'est supérieur à tous les autres que parce que c'est celui qui dépense avec le plus de profondeur l'action vitale; c'est, par conséquent, celui qui, porté à l'excès, jette le plus profondément les autres organes dans l'affaissement, et toute l'économie dans le désordre. L'instinct de conservation nous fait donc une loi *morale* de ne poursuivre qu'avec modération les plaisirs de la méditation et de l'étude.

Disons maintenant que le désordre organique s'établit en nous, non-seulement lorsque nous accordons à un ou plusieurs de nos organes un exercice immodéré; c'est aussi lorsque nous portons à l'excès une extension, un exercice, un plaisir, auxquels participe notre économie entière. Des exemples familiers à tous les hommes vont servir à le démontrer.

En hiver, lorsque le froid nous saisit, notre souffrance vient de ce que l'instinct de développement est opprimé dans tous nos organes. Rien alors n'est plus doux pour nous que d'entrer dans une atmosphère échauffée, et de nous approcher du foyer d'où émane la chaleur. La faculté d'extension est graduellemeut rendue à tout notre être; ce n'est pas un seul de nos organes, ce sont tous nos organes qui goûtent du plaisir, parce que, en eux tous, l'instinct de progrès rentre en exercice. Notre jouissance n'est pas vive, mais calme, précisément parce qu'elle est générale, et qu'elle laisse en harmonie l'ensemble de notre être.

Mais souvent, dans cette jouissance même, est un piége qui nous entraîne par sa douceur. Nous

nous laissons aller à prolonger, au-delà du besoin, notre dilatation organique; bientôt tout notre Être se détend et s'affaisse; le moment arrive où, abattu par la nonchalance, il répugne à tout acte de vigueur.

Cependant, il faut agir : nos intérêts, nos affections, nos devoirs l'exigent; l'effort nous coûte; en le faisant, en souffrant de ne remplir des obligations pressantes que languissamment et à contre-cœur, nous nous promettons de prévenir désormais cette fâcheuse indolence.

Lorsque nous parcourons pour la première fois une campagne fraîche et riante, c'est encore l'ensemble de notre être qui jouit, s'étend, se développe; et c'est aussi d'un entraînement séducteur que nous avons à nous défendre; car, si nous ne savons pas modérer notre curiosité; si nous voulons aller voir de près tout ce qui, de loin, nous plaît et nous attire, notre force se dépense avec excès; long-temps avant d'avoir pu visiter tout ce qui a flatté nos désirs, la *fatigue* nous en ôte les moyens et l'envie.

Nous sommes alors invités au repos par l'instinct de conservation; à la faveur du repos, nos forces restent en nous, se relèvent, s'accumulent, finissent par nous demander de céder de nouveau à l'instinct de progrès. Nous reprenons notre route, mais d'un pas moins rapide; l'expérience nous a modérés.

A cet égard, les avis de l'expérience sont faciles à entendre et à suivre. Il n'en est pas de même lorsqu'elle conseille aux personnes vives, sensibles, et qui se trouvent dans une situation prospère, de se retenir sur le penchant de tous les genres de jouissance. C'est également à tout leur être que le plaisir s'adresse; c'est même plus universellement que dans les deux circonstances précédentes, car l'exercice le plus varié, en même temps que le plus vif et le plus multiplié, est sans cesse offert à tous leurs sens, à toute leur imagination. Chacun de leurs organes est ainsi excité à jouir, à se développer au-delà de ses besoins naturels. Presque jamais ni repos, ni balancement dans l'action de la vie. Une telle continuité de dépense générale ne peut qu'amener avec plus ou moins de rapidité la fatigue générale. Les biens, les plaisirs dont on est environné, ne sont plus goûtés; ils importunent même, comme la nécessité de marcher encore importunerait le voyageur harassé.

Mais nous l'avons dit : le voyageur, si rien ne le presse, se repose; ce qui donne à ses forces le temps de se rassembler, de se recomposer, de rappeler en lui le désir du mouvement et la faculté de s'y livrer. Comment le repos du corps dissipe-t-il ce genre de fatigue? Parce que le voyageur qui se repose se met dans une situation opposée au genre d'action qui l'a fatigué. Mais il n'y a pas d'opposition entre le repos du corps et les divers genres d'action auxquels se sont livrés un homme, une femme, entourés d'occasions de jouissance. Pour dissiper le genre de fatigue qui en est résulté, il faudrait, pendant quelque temps, une situation opposée à la prospérité complète et continue, une situation difficile, indigente, tramée de privations et de peines. C'est un parti que l'on ne saurait prendre volontairement. L'habitude du bien-être a donné de l'effroi pour les embarras d'existence. Comment se sentirait-on la force de les dominer, lorsque l'on a perdu jusqu'à la force de goûter les douceurs de l'opulence? On continue de s'enfoncer dans l'ennui et la satiété.

Ces situations déplorables sont rares, non seulement parce que la prospérité complète et continue n'est pas une chose commune, mais parce qu'une telle prospérité même ne saurait que difficilement préserver de toute peine, de tout accident, de toute contrariété. Une maladie, une mortification d'amour-propre, suffisent pour rompre la monotonie de la haute fortune; et la haute fortune ne fait souvent que rendre le tempérament plus accessible aux maladies, le caractère plus accessible aux tourmens de la vanité.

Les situations moyennes ont cet avantage que les diversions aux fatigues du plaisir y sont nombreuses et variées. Les privations que ces situations imposent retiennent l'extension que le tempérament, l'imagination, le caractère, sollicitent sans cesse, par cela même assurent la durée de cette faculté extensive, de cet instinct de progrès, qui, seuls, donnent à la vie du charme et de l'intérêt. Le besoin d'extension organique, d'extension de fortune, d'extension de renommée, en un mot, d'extension de jouissance, est en nous si naturel et si pressant, que si nos désirs réglaient notre destinée, nous ne songerions qu'à satisfaire ce besoin par tous les moyens dont l'idée caresserait notre imagination. Sans doute, la prudence, la prévoyance, réclameraient quelquefois au nom de notre avenir; mais, en présence de jouissances actuelles, leur voix est d'ordinaire si faible, si timide! est-il beaucoup d'hommes qui, parvenus à un terme suffisant de bien-être, s'arrêtent volontairement? en est-il qui se dépouillent volontairement du superflu de leur existence? La Morale ne conseille point un tel abandon. La Morale, pour être écoutée, ne doit point lutter contre la nature; c'est, au contraire, en interprétation des lois naturelles les plus constantes, les plus générales, qu'elle doit parler. Or la loi naturelle de toute existence vitale est le penchant à l'extension et au progrès; mais comme c'est aussi par l'extension indéfinie, par le progrès sans résistance, que la vie se précipite et s'épuise, la

Morale conseille aux Etres intelligens la modération dans le progrès ; et comme cette modération, quoique si utile, est un effort, et que tout effort est une peine, surtout quand il faut le répéter, le soutenir, la Nature, ou plutôt l'ordre providentiel qui la conduit, sème d'obstacles et de contrariétés la carrière de presque tous les hommes; chacun de ces obstacles, chacune de ces contrariétés est un auxiliaire donné à l'instinct de conservation, auxiliaire qui ne reçoit point de nous un accueil favorable, que nous repoussons même, mais qui insiste, persévère, s'établit dans notre sort malgré notre répugnance, et nous sert malgré nous.

Dans cette manière d'envisager la vie se trouve la vérité, par conséquent la saine Morale. Cherchez votre bien, c'est naturel; écartez la peine, c'est naturel encore. Mais, lorsque vous n'aurez pu réussir, ce qui vous arrivera souvent, dites avec conviction : La peine que j'éprouve, la privation qui m'est imposée, est une barrière placée au-devant de mon extension indéfinie; elle sert à replier, dans le sein de mon Etre, la sensibilité qui cherchait à s'en échapper, à se disperser sur une grande surface, à s'évanouir.

Cherchons maintenant quelle est, dans l'ordre universel, la source des obstacles, des contrariétés, des peines, des privations qui arrêtent l'essor de chacun de nous.

Commençons par rappeler que les maximes de Morale ne peuvent être à l'usage que de l'homme vivant en société, c'est-à-dire lié avec un certain nombre de ses semblables par des rapports réciproques. Or chacun de ses semblables est, comme lui, un Être vivant, sensible, intelligent, et, à ce titre, avide de tous les genres d'extension que lui-même sollicite.

Ce besoin général d'extension qui porte chaque individu à saisir, autant qu'il lui est possible, les biens qui l'environnent, semble placer tous les intérêts individuels en lutte mutuelle et nécessaire. Cependant il ne produit pas généralement et uniformément cet effet, parce que les divers membres d'une même société sont inégaux de force et de caractère. Les uns sont ardens, audacieux; les autres doux et timides : pour cette raison il se forme entre ceux-ci une coalition défensive, tandis que les hommes ardens, audacieux, sont naturellement isolés, divisés. Et comme, dans toute société, la douceur, la timidité, la faiblesse, le calme de caractère, sont naturellement l'apanage des enfans, des femmes, des vieillards, des hommes fixés par des liens de famille ou par des propriétés considérables; comme les hommes d'un tempérament audacieux sont eux-mêmes, plus tôt ou plus tard, affaiblis par l'âge, par les accidens, par les maladies; comme, pour ces raisons, la force violente, hostile, envahissante, est, dans toute société, une puissance mobile, transitoire, désunie, tandis que la résistance à cette force est elle-même une puissance cohérente et permanente, c'est partout de celle-ci qu'émanent les lois sociales; partout les lois sociales sont des garanties que la coalition défensive des personnes faibles, timides ou calmes, s'est données contre l'expansion impétueuse des audacieux et des forts. C'est, comme l'on voit, l'instinct de conservation qui, dans toute société, est le fondement des lois de *police* et de *justice*.

Mais ces lois, pour être efficaces, pour répondre à leur objet, ont besoin d'être claires, précises. Lorsqu'elles ont un caractère vague, indécis, elles se prêtent aux applications arbitraires, et loin alors de réprimer les tentatives des hommes audacieux, elles deviennent, entre leurs mains, un instrument d'usurpation et de tyrannie.

D'un autre côté, toute société, considérée dans son ensemble, est une masse très mobile, dans le sein de laquelle la force et la faiblesse, l'audace et la timidité, le calme et la violence, s'entremêlent par nuances qui, sans cesse, se déplacent, se modifient; ce qui restreint l'application des lois de police et de justice aux actions tranchées des perturbateurs véhémens.

Il reste ainsi, dans l'ensemble de la société, le besoin d'une police et d'une justice *morales*, non écrites, n'ayant ni codes ni magistrats, confiées à l'honneur, à la probité, à la délicatesse des individus, par conséquent tantôt observées, tantôt enfreintes, mais ayant nécessairement des récompenses ou des peines à décerner à l'homme qui en respecte les lois ou qui leur est infidèle.

Ces récompenses ou ces peines sont d'abord dans la conscience de l'homme qui a mérité les unes ou les autres. Nos témoignages intérieurs, lorsque notre conduite est honorable, sont accompagnés d'une douceur profonde, et au contraire d'un trouble pénible, lorsque nous avons une faute à nous reprocher. Or tout plaisir, avons-nous dit, est, en nous, le signe sensible d'une amélioration organique, en sorte que bien faire, c'est, en réalité et en résultat, se faire du bien; mal faire, c'est se faire du mal. On peut affirmer, sans paradoxe, que de deux hommes du même tempérament, du même âge, dans la même situation, mais l'un ne faisant jamais que des actes d'honneur et de bonté, l'autre se jouant des lois de la probité et fermant son ame à la bienfaisance, le premier jouirait d'une santé plus calme, plus soutenue, serait accessible à un plus grand nombre de plaisirs, et vivrait plus longtemps.

En second lieu, lorsqu'il se commet une de ces injustices que les tribunaux ne sauraient poursuivre, mais que l'honneur condamne; lorsque, par exemple, un homme médiocre, mais remuant, détourne vers lui-même les suffrages qui étaient dus aux travaux et aux services d'un homme de mérite, c'est un acte d'usurpation qui est commis; il s'est fait, en ce point du corps social, un mouvement d'extension, agresseur de l'équité, par conséquent de l'harmonie générale. A l'instant même, il s'établit une réaction du corps social, réaction qui s'exprime par les jugemens amers de l'opinion publique sur les intrigues du parvenu, et par l'estime, l'affection, qui accompagnent, dans sa retraite, le mérite délaissé. Tel est le balancement des succès désavoués par la justice.

Mais on dira peut-être : S'il y a balancement entre les avantages que l'homme injuste se procure, et les consolations réservées à l'homme de mérite que l'injustice écarte, et si la morale est l'art du bonheur, elle nous invite indifféremment à être injustes, et à suivre les lois de l'équité.

Oui, sans doute, les divers emplois, vertueux ou coupables, que chacun de nous donne à son existence se balancent entr'eux par leurs résultats, surtout dans l'économie générale, car celle-ci ne peut se maintenir que par l'équilibre. Cependant, comme chacun de nous tient à la vie, désire la conserver, la prolonger, parvenir, s'il le peut, à l'extrême vieillesse, comme d'ailleurs, par notre imagination, nous vivons presqu'entièrement dans l'avenir, le passé n'étant plus, le présent fuyant vers le passé avec une rapidité qui nous afflige, c'est surtout la paix et la fortune de l'avenir qui sont demandées à chacun de nous par l'intérêt de son bonheur. Lorsque l'âge mûr commence à être dépassé, lorsque le sentiment journalier de notre affaiblissement progressif nous recueille en nous-mêmes, nous avertit que l'instinct de conservation doit prendre chaque jour un peu plus la direction de nos vœux et de notre conduite, lorsqu'en un mot, nous nous retirons graduellement du commerce extérieur, pour nous concentrer dans le commerce de nos idées, de nos affections intimes, notre besoin est alors de trouver en nous-mêmes des souvenirs honorables, et autour de nous des relations douces, sûres, auxquelles nous puissions, en toute confiance, nous abandonner. Notre sort, à ces conditions, est bien loin d'être triste; notre ame, à la fois calme et occupée, est même plus heureuse que lorsque, pendant la jeunesse, elle était agitée par la fougue des désirs et incertaine de sa destinée. Satisfaits des douceurs de notre existence, lors même qu'elle et très simple, très modeste, nous ne portons envie aux avantages de personne; nous trouvons de la justice à ce que chacun ait ses moyens de bonheur, ses occasions de plaisir. Environnés d'amis, ou, mieux encore, d'êtres qui nous appartiennent, qui nous chérissent, qui s'honorent de nous appartenir, notre ame s'alimente sans cesse du plus heureux spectacle, celui de la confiance, de la candeur naïve, de la gaîté, de la tendresse; et si, quelquefois encore, nous sortons de notre asile, si nous rentrons dans le monde extérieur, nous y recevons des témoignages d'estime et d'intérêt.

Ce doux tableau a son contraste. Si, à l'âge de retour, à cette époque de la vie qui amène, malgré nous, le recueillement intérieur, nous ne trouvons dans notre ame que le souvenir des fautes que nons avons commises, le regret des plaisirs que nous avons perdus; si ce regret nous rend envieux des avantages de la jeunesse, nous dispose à une humeur frondeuse, chagrine, que rien ne peut satisfaire; si, autour de nous, tout est froid et en silence; si nous sommes contraints de reconnaître que cet isolement n'est qu'une justice, parce que, à l'époque de notre force, nous avons délaissé, repoussé, le faible qui cherchait à s'appuyer sur nous; si enfin, par la loi d'un balancement équitable, la société, l'opinion publique, sont en réaction humiliante, en réaction actuelle contre notre action vive, immodérée, injuste, et qui hélas! n'est plus aujourd'hui que notre action terminée, notre action d'autrefois, ah! nous sommes bien malheureux! et notre seule perspective est l'augmentation de nos peines!

N'en doutons pas maintenant : l'équilibre est la loi de tous les Êtres, spécialement des sociétés humaines; cependant il est des hommes dont le sort, considéré dans son ensemble, est heureux, digne d'envie; il en est d'autres dont le sort, également considéré dans son ensemble, est déplorable et digne de pitié; les premiers ont suivi, pendant leurs années d'ardeur et de force, les inspirations de la Morale; les autres ont repoussé ces inspirations. La Morale est donc, pour chaque individu, l'art du bonheur; elle l'invite à fonder son plus grand intérêt, qui est le calme et la douceur de sa vieillesse, non-seulement sur la pratique des devoirs que sa situation lui impose, mais encore sur l'exercice des qualités nobles, généreuses, sociales, qui ne lui sont point commandées. Sans doute, nous ne devons à nos semblables que la justice; cela veut dire que, dans nos rapports avec eux, nous ne sommes obligés qu'à respecter leurs droits reconnus et à ménager leurs vœux légitimes: c'est ce que, à notre tour, nous sommes en droit de leur demander. Mais, à leur égard, nous pouvons aller au-delà de nos devoirs; nous pouvons les aider, les soutenir, agir pour eux dans des situations délicates ou difficiles. Nous étendons alors le précepte qui commande à notre conscience de ne pas faire à autrui ce que nous ne voudrions pas que l'on nous fît; nous faisons pour autrui ce que nous voudrions que l'on fît pour nous; notre récompense immédiate est dans le plaisir que nous prenons à dépasser nos obligations; notre ame se rend en secret un témoignage honorable; elle s'améliore; elle se fortifie ; elle devient heureuse par le sentiment de la conduite qu'elle a tenue, du mérite qu'elle a acquis ; et ce doux sentiment la consolera dans sa vieillesse.

La Morale, ou l'art du bonheur, nons invite donc à la charité, à la bonté, à l'obligeance.

Lorsque nous avons reçu nous-mêmes, de la part d'un de nos semblables, un service qui ne nous était pas dû, nous avons contracté le devoir de la reconnaissance; devoir qui n'a pas en nous le caractère d'une dette légale; les tribunaux humains ne pourraient nous contraindre à le remplir, et c'est ce qui le rend plus sacré; c'est ce ce qui fait aussi qu'en le remplissant, notre ame s'honore. Au contraire, lorsque nous avons le tort de nous en affranchir, notre âme est mécontente; elle sent de la honte, des remords; elle est péniblement distraite dans les plaisirs qu'elle se procure; elle n'est pas heureuse. La Morale nous invite donc à la reconnaissance.

Chacun de nous a une situation sociale qui lui porte plus ou moins d'avantages, qui, par conséquent, lui impose des devoirs positifs; car, c'est des travaux de ses semblables et de l'ordre qui règne dans la société, que découlent les biens dont il profite. Si, de son côté, il n'acquittait point ces biens par des occupations profitables à l'intérêt commun; si de plus il troublait l'ordre par sa conduite, il vivrait dans l'injustice, car il ne rendrait point à la société ce qu'il en recevrait, et il suffirait que son exemple eût de nombreux imitateurs, pour que le désordre social, détruisant toutes les garanties, le jetât lui-même dans la souffrance.

D'ailleurs encore, l'emploi du temps ne peut être réglé que par des devoirs positifs, par des devoirs ayant le caractère de lois impératives; et une règle dans l'emploi du temps nous est bien nécessaire; car, dans notre existence, le vague, l'indécision, le désœuvrement, ne sont, pour ainsi dire, que les formes du désordre; et partout où il y a désordre, il y a inquiétude et malheur.

Sans doute, il est souvent, pour l'homme en société, des devoirs pénibles à remplir, des devoirs qui froissent le caractère, compromettent même la santé. Rien n'est plus naturel que de chercher à les échanger contre des devoirs plus faciles, plus analogues à l'inclination, au tempérament. Mais lorsque cet échange n'est pas possible, d'où cela peut-il venir, si ce n'est de ce que la situation dans laquelle on se trouve comme enfermé est tissue de liens et de rapports qui, à leur origine du moins, ont porté de nombreuses ou notables jouissances? A de telles conditions n'a-t-on pas contracté des engagemens auxquels on ne pourrait se soustraire sans manquer à l'honneur et à l'équité?

De telles considérations doivent soutenir notre courage; elles nous aideront à gagner les bénéfices du temps ou de l'habitude, qui finit toujours par adoucir tous nos genres de peines, excepté celles qui naissent de nos reproches intérieurs. Les souvenirs de notre conscience sont opiniâtres; chacun de nous est toujours en commerce avec le juge qu'il porte en lui-même; et c'est de la nature douce ou chagrine de ce commerce que résultent le premier charme de la vie ou ses plus sombres déplaisirs.

Dans nos relations avec nos semblables, l'agrément ou la contrariété naissent surtout des rapports de leur caractère avec le nôtre. Nous devons entendre généralement par le caractère de l'homme, l'ensemble de ses goûts, de ses inclinations, de ses défauts, de ses qualités heureuses. Chacun de nous a le sien qui, ainsi que sa figure, le distingue et sert à le faire reconnaître. Le caractère, ainsi que la figure, se modifie insensiblement par les progrès de l'âge; mais il ne peut jamais être changé entièrement. Et de même que, dans chaque période de la vie d'un homme, sa figure est, en lui, une condition essentielle, permanente, dont nous serions insensés d'exiger le changement, ne serait-ce pas également, de notre part, une tyrannie insensée que d'exiger d'un de nos semblables qu'il changeât subitement de caractère pour s'accommoder à nos inclinations?

Combien de fois, néanmoins, ne jetons-nous pas un blâme d'irritation sur les manières, les habitudes, le caractère, de personnes avec lesquelles nous avons des rapports? Nous en souffrons sans doute; mais d'autres que nous n'en souffrent pas; et, au contraire, d'autres que nous sont rebutés par les manières, les habitudes, le caractère, de personnes pour lesquelles nous sentons de l'attrait. Cela démontre que les divergences de goûts, de formes, de manières d'être, sont une chose de tempérament, par conséquent une chose involontaire, en elle-même innocente, que nous devons supporter sans impatience, avec déférence même, parce que de notre côté nous avons besoin d'une patience, d'une déférence semblables, notre caractère ne pouvant être, pour tout le monde, sans qualités incommodes, sans défauts. Que sont nos défauts? Le revers de nos qualités heureuses.

Aussi, à ce sujet, écoutons la Morale, puisque c'est l'art du bonheur. Telle personne manque de certaines qualités, qui, si elle les possédait, rendrait, pour nous, son commerce plus agréable. Mais regardons bien; c'est par cela même que certaines qualités lui manquent, qu'elle en possède d'autres que nous estimons; si elle les perdait, nous recevrions, de sa part, d'autres déplaisirs, d'autres dommages. Si nous savons jouir de ce que nous trouvons, sans nous plaindre de ce que nous ne trouvons pas, cette personne, touchée de nos égards, s'attachera plus vivement à nous, mettra encore plus ses bonnes qualités à notre service. C'est encore ainsi sur notre propre sort que se réfléchira notre indulgence.

Et encore une fois, chacun de nous a besoin de trouver autour de lui de l'indulgence, des égards, surtout lorsqu'il arrive à cet âge de la vieillesse dont nous avons dit qu'il fallait, pendant les âges qui le précèdent, préparer le repos et la douceur.

Les infirmités ne sont pas des torts, et elles sont souvent aussi incommodes que des défauts pour les personnes dont nous sommes environnés. Les défauts ne sont pas des torts non plus; les blâmer, les reprocher, c'est être personnel et injuste; et tout homme personnel et injuste contracte une sécheresse d'ame qui écarte de lui la pitié lorsqu'il tombe dans l'infirmité ou le malheur.

Terminons par la conséquence la plus douce de la pratique des vertus morales.

L'homme de tous les lieux, de tous les temps, dit sans cesse que la vie est bien courte. En la jugeant ainsi, il atteste qu'elle est pour lui un bien dont il serait heureux d'obtenir le prolongement; et ce prolongement, il ne peut l'espérer que du Maître de la nature. Mais cette espérance même, pour qu'il puisse la concevoir, exige que son ame, frappée de l'ordre, de la beauté de l'univers, s'élève, par l'admiration, jusques à être persuadée qu'il existe un Maître de l'univers, une suprême intelligence; il faut encore que, trouvant en elle-même des sentimens purs, généreux, fière de les éprouver, certaine néanmoins qu'elle ne se les donne pas, elle les rapporte a une source sublime, à un Etre généreux par lui-même, puissant par lui-même, par conséquent ne puuvant connaître de bornes à l'exercice de sa puissance et de sa générosité.

C'est uniquement par de si hautes pensées que l'ame humaine peut être conduite au bonheur d'attendre que sa vie s'étende au-delà du tombeau; mais c'est uniquement par le bon emploi de la vie qu'elle aura pu être conduite à de si hautes pensées.

Jusqu'à son dernier soupir sur la terre, l'homme de bien est pressé des deux besoins essentiels à l'existence: du besoin de progrès et du besoin de conservation; le sentiment religieux répond à ce double désir, le convertit en espérance; c'est ce qui fera toujours du sentiment religieux l'appui et la consolation de l'homme de bien.

## CHAPITRE II.

### Morale des Peuples, ou Politique générale.

L'Homme est non-seulement le plus intelligent des Êtres organisés; il en est encore le plus sensible; sa faculté d'aimer est aussi étendue, aussi profonde, que sa faculté de connaître; c'est ce qui fait de la *sociabilité* le premier penchant de sa nature; il a besoin de se lier à ses semblables par ses vœux, ses craintes, toutes ses idées; il ne peut embellir son existence, il ne peut même l'assurer, il ne peut la défendre contre les dangers qui la menacent qu'en formant, avec ses semblables, un faisceau d'efforts, de prévoyance et de volonté.

Ainsi, l'*Etat social* est la tendance essentielle de l'espèce humaine; les sociétés humaines, les Peuples sont des genres d'Êtres que la nature tend sans cesse à produire; Êtres collectifs, mais essentiellement sensibles et intelligens, puisqu'ils ont pour élémens des Êtres d'une sensibilité et d'une intelligence éminentes.

Les conditions d'existence de chaque Peuple sont nécessairement analogues à celles de chacun des individus dont il se compose. Sa Morale a donc les mêmes principes : c'est également l'art de gouverner sa vie de manière à l'exercer et à la conserver. Il y a, pour chaque Peuple, comme pour chaque individu, un *instinct de progrès*, de développement, de plaisir, et un *instinct de conservation*, de prudence, de prévoyance. Ces deux instincts doivent être, l'un et l'autre, écoutés. Tout Peuple doit se permettre de grandir, de se former, de se développer, de jouir; c'est là son instinct de progrès; mais si le progrès est rapide, violent, s'il se fait avec désordre ; de deux choses l'une : ou bien il renverse par son impétuosité toutes les résistances des peuples environnans, et alors il précipite la vie sociale ; le Peuple dominateur qui s'y abandonne tombe bientôt et avec violence; c'est l'histoire de Rome; ou bien le progrès rapide, désordonné, est refoulé par la coalition défensive des peuples environnans; coalition qui, à son tour, devient formidable, impétueuse : c'est l'histoire récente du Peuple Français.

Pour que l'existence sociale d'un Peuple soit conforme à son plus grand intérêt, qui est d'être à la fois durable, paisible et prospère, il faut donc que, semblable à l'existence de l'individu, elle soit réglée par la connaissance et le respect de la Loi universelle; c'est-à-dire que le Gouvernement de ce Peuple doit seconder son instinct de progrès et son instinct de conservation, en les balançant l'un par l'autre, en n'accordant à chacun, dans chaque moment, que la mesure d'exercice indiquée par les besoins généraux et par les circonstances extérieures. Si le gouvernement d'un peuple favorise trop l'instinct de progrès, il exalte, il pousse à l'extension injuste et périlleuse; ce fut le tort de Napoléon. S'il favorise trop l'instinct de conservation, il étouffe, il comprime; il provoque dans le peuple une humeur inquiète qui, à un certain terme, fait explosion. Tels furent les effets du régime, devenu suranné, qui précéda immédiatement la Révolution Française. Telle a été plus récemment la tentative, heureusement infructueuse, des hommes qui ont cru possible et utile de ramener la France à son ancienne situation.

L'impartialité calme, inébranlable, entre les deux impulsions générales qui invitent, l'une au progrès, au développement, l'autre à la conservation, doit être, chez un Peuple quelconque, la disposition constante des hommes qui le gouvernent. C'est pour cela que la Monarchie absolue peut être passagèrement bonne, même pour les peuples très civilisés, parce que le Monarque, revêtu d'un pouvoir sans limites, peut se montrer, comme Louis XIV dans ses belles années, plein de raison, de fermeté, de justice; qu'il peut avoir l'inclination de seconder, au degré du besoin, les mouvemens de progrès et les principes conservateurs. Mais cet illustre Prince l'a également montré : l'habitude du pouvoir endort la prévoyance; la trempe de l'ame et la portée de l'esprit s'affaiblissent par l'exercice du despotisme. L'homme à qui rien ne résiste, est exposé à mettre de l'opiniâtreté dans des vues fausses, et à s'irriter ensuite de leurs effets funestes. Or tout homme qui s'irrite des suites de ses propres erreurs, entre dans la tyrannie, et s'approche du délire.

Ajoutons que, sans hérédité, il n'y a point de Monarchie, et que, cependant, les hautes qualités de l'homme d'État, qui sont, par dessus tout, la raison, la fermeté et la justice, ne sont pas essentiellement héréditaires.

L'expérience finit donc par donner, à chaque peuple mûri par la civilisation, le besoin de formes souveraines, le besoin d'une *Constitution*, réglant avec autorité toutes les fonctions sociales, et devenant la source régulière de la Législation.

Pour être bonne et sage, la Législation d'un peuple doit établir, le mieux possible, le balancement doux et continu des deux impulsions générales, et, pour cela, répondre avec ordre et harmonie à tous les intérêts dont se composent ces deux impulsions.

Comment le Législateur connaîtra-t-il ces divers intérêts? Comment parviendra-t-il à les concilier, à les satisfaire?

Telle est, en Politique générale, la question la plus variable, la plus compliquée, parce que ses élémens s'entremêlent et se transforment sans cesse. Que de diversité dans les dispositions politiques des individus qui composent une même société! Chacun a sa manière de voir, de juger, de sentir, comme chacun a sa figure. Que de diversité même, ou plutôt que de vicissitudes, que de constrastes, dans les dispositions successives de chaque individu! Pendant sa jeunesse, il était naturellement porté vers les mouvemens de progrès; le temps, l'expérience, le conduisent insensiblement à préférer, dans l'administration de l'État, les procédés conservateurs; tant qu'il fut célibataire, et d'une fortune médiocre, il favorisait, du moins par ses désirs, les tentatives de changemens; il a acquis des biens considérables, il s'est donné une famille; il fait des vœux maintenant pour la stabilité des formes sociales.

Sans doute, il est de grands propriétaires, âgés, pères de famille, qui invoquent les mouvemens politiques, comme il est des jeunes gens isolés et sans fortune qui secondent de leurs désirs la permanence des institutions; mais, dans les deux sens, ces exceptions sont rares, ordinairement passagères, et résultent de circonstances ou influences accessoires qui ont dominé les influences naturelles. Par exemple, tandis que bien des jeunes gens contractent, par leur éducation, par les relations qui les environnent, des habitudes légères, des opinions libres, d'autres sont placés de manière à contracter des habitudes recueillies et des opinions dogmatiques. La pensée politique de ceux-ci est habituellement conservatrice; la pensée politique des premiers se tourne habituellement vers les essais des novateurs.

Et la persévérance dans le recueillement de l'ame et les opinions dogmatiques, est-elle chose bien commune? Que d'hommes d'un caractère ardent et mobile n'ont que des affections et des opinions passionnées, impétueuses et sans durée! Moins éclairés que sensibles, ils ne s'arrêtent jamais à des idées calmes, à des sentimens modérés; aujourd'hui promoteurs enthousiastes du développement social, demain défenseurs véhémens du système stationnaire, demain, comme aujourd'hui, s'irritant contre les résistances, s'indignant contre des sentimens qu'ils ont déjà éprouvés, et que, sans le prévoir, ils éprouveront encore!

Et parmi les hommes, formant le plus grand nombre, dont le tempérament est d'ardeur moyenne, trouve-t-on fréquemment fixité d'opinions, d'affections, de principes? Ne voit-on pas, surtout chez les peuples très avancés en civilisation, ces faisceaux politiques, que l'on nomme *partis*, se dissoudre, se recomposer sans cesse, se recruter, les uns et les autres, par des échanges réciproques ?

Dans ce dédale mouvant de vœux contradictoires, où saisir une impulsion majeure, prononcée, digne de servir de guide aux déterminations de l'autorité ? C'est alors aussi que la fonction des hommes chargés du Gouvernement social est singulièrement difficile ; c'est alors surtout qu'elle exige, et une grande étendue d'esprit, et une générosité patiente, préparée d'avance aux préventions, à l'injustice.

Cependant, comme c'est alors surtout que cette fonction éminente est nécessaire, il faut que non-seulement elle soit possible, mais encore qu'elle soit susceptible d'une direction bonne, judicieuse, salutaire. Sans cela quel homme raisonnable oserait l'accepter ?

Où trouver, pour l'art de gouverner les peuples, cette direction bonne, judicieuse, salutaire ? L'histoire nous montre, sans doute, que, de temps à autre, quelques hommes d'État l'ont suivie, mais plutôt par instinct de force et de sagesse que par intention méditée, et d'après un plan réfléchi. C'est naturellement que Charlemagne, Henri IV et Frédéric furent de grands Souverains.

Aujourd'hui il ne peut plus suffire à l'homme

placé à la tête d'un grand État d'avoir reçu les plus beaux dons du caractère et de l'intelligence. Les sociétés européennes ne sont plus des masses aveugles, à qui l'on commande, ou que l'on entraîne. Partout on examine, on raisonne et l'on juge. Il faut que l'esprit du sujet approuve les actes du Prince; il faut que les passions même de l'homme froissé par les lois sociales soient subjuguées par la raison de l'homme qui les établit.

Il n'y a, pour l'homme d'État, qu'une source de raison puissante, invincible : c'est là connaissance de l'ordre imprimé par la Raison suprême à la constitution de l'univers ; hors de là tout est vague et arbitraire; on peut s'approcher du but, on peut même l'atteindre; on ne peut s'y fixer, parce que l'on n'a, dans l'esprit, aucun élément de certitude.

Quel est le caractère essentiel de l'ordre imprimé à l'univers par la Raison suprême? C'est l'*unité*. Tous les Êtres, quoiqu'indéfiniment variés de formes et de propriétés, sont liés entr'eux par une condition commune: Tous sont tributaires d'une Puissance unique, dont l'action successive les forme et les détruit. Tous, par conséquent, sont analogues entr'eux par l'ensemble de leur existence. L'analogie d'existence est, dans l'univers, le ciment général; l'homme qui cherche à connaître la Constitution universelle, doit faire de cette analogie son guide invariable.

Prenons les deux genres d'Êtres le plus rapprochés l'un de l'autre par leur nature, et dont il nous importe le plus d'étudier l'existence. Ces deux genres d'Êtres sont, d'une part, les Peuples, de l'autre part, les individus qui les composent. Entre chaque peuple et les individus qui le composent, il y a similitude nécessaire de formes vitales; tous leurs traits organiques sont nécessairement parallèles. On peut donc, en observant les lois morales qui règlent successivement la vie des individus sagement conduits, découvrir les lois morales réclamées par les peuples pour que leur destinée successive soit également conduite avec sagesse.

Donnons un aperçu de ces analogies, et des bases qu'elles fournissent à la Morale politique.

Analogie fondamentale. Chaque peuple, comme chacun des individus qui le composent, passe successivement par l'enchaînement de deux périodes, l'une de formation ou d'accroissement, l'autre d'affaiblissement ou de chute; ces deux périodes sont destinées à se balancer avec exactitude.

Chacune de ces deux périodes peut être subdivisée. La première comprend l'enfance et la jeunesse; la seconde comprend l'âge mûr et la vieillesse.

Dans la vie de chaque peuple, comme dans la

vie de chaque individu, chacun des quatre âges se signale par des inclinations, des besoins, un caractère, qui lui sont propres, qui, sans jamais se confondre, se lient par gradation plus ou moins rapide.

Les quatre âges successifs de chaque individu sont faciles à distinguer; la marche du temps est graduellement empreinte sur toutes les parties de son corps, sur tous les traits de sa figure.

Les quatre âges successifs de chaque peuple n'ont pas de même des signes extérieurs qui en donnent aisément la connaissance. Mais, nous l'avons dit, chaque individu, à mesure qu'il avance en âge, ne diffère pas seulement de lui-même par ses traits extérieurs, c'est aussi par ses goûts, ses mœurs, ses habitudes. Les changemens de cet ordre sont ceux auxquels sont analogues les changemens qui s'opèrent dans la nature organique de chaque peuple à mesure qu'il avance dans la vie; en sorte que la connaissance des diverses dispositions par lesquelles passe successivement chaque individu, est un guide suffisant pour conduire à la connaissance de l'âge de chaque peuple, par conséquent pour indiquer quel doit être, pendant chacun de ses âges, le caractère de son régime.

L'enfance est pour chaque peuple, comme pour chaque individu, l'âge de la faiblesse, de l'ignorance, et en même temps d'une extension faisant effort pour être rapide ; ce qui l'expose sans cesse à être désordonnée. De telles conditions donnent le besoin d'une tutelle vigilante, mais douce, généreuse, car ces conditions disposent à une confiance aveugle. Pour les peuples naissants, comme pour les enfans, le meilleur Gouvernement est celui d'un Maître, ayant les sentimens d'un Père,

La jeunesse est l'âge de l'ardeur vive et brillante. Le jeune homme, ainsi que le jeune peuple, sont avides de progrès, de mouvemens, de jouissances ; l'un et l'autre se livrent par reconnaissance, par enthousiasme, à l'autorité des hommes et à l'influence des idées qui les conduisent, par le chemin le plus rapide, aux émotions fortes. Pendant cette période, les inclinations sont religieuses ou poétiques ; ce qui fait, que le sentiment, poétique ou religieux, est l'esprit de toutes les institutions.

L'âge mûr arrive; alors s'établit l'harmonie organique. Le besoin d'extension qui, jusque là, dominait dans toutes les actions, dans tous les désirs, s'est graduellement modéré, est descendu jusques à se mettre en équilibre avec le besoin de conservation. La réflexion n'est plus écartée; chaque jour elle introduit dans les détermina tions un peu plus de prudence; chaque jour, par ses représentations calmes et soutenues, les illusions du jeune âge s'affaiblissent, se dissipent;

le désir du bien-être entre en balance avec le désir de la gloire; l'attention commence à se porter avec suite vers les choses d'intérêt matériel. Alors encore se termine toute soumission d'habitude et de confiance; l'intelligence discute, examine; l'individu sent ses droits, les exerce; le peuple réclame la liberté.

Mais cet âge mûr est le précurseur de la vieillesse; il l'annonce, il va au-devant d'elle; il en prend chaque jour un peu plus le caractère, qui est la prépondérance de l'instinct de conservation sur l'instinct de progrès. Ainsi, chaque jour, l'homme et le peuple qui avancent dans l'âge mûr, se détachent un peu plus des biens goûtés par l'imagination, estiment un peu plus les douceurs du bien-être, se procurent avec plus d'empressement les commodités de la vie. Comme ils sentent que, dans tout leur Être, la faculté d'extension, d'acquisition, est en progression décroissante, ils accueillent avec une faveur progressivement croissante toutes les dispositions qui peuvent leur assurer la jouissance de ce qu'ils possèdent, multiplier même cette jouissance. Ainsi, chaque jour, ils écartent un peu plus de leur ame les méditations profondes qui la concentrent et la fatiguent; ils la promènent sur une variété légère, très compatible avec le repos. Ils n'ont plus d'opiniâtreté, plus même de persévérance. Aux sentimens formidables, aux passions soutenues, tyranniques, exclusives, succèdent des liaisons faciles, sans exigence comme sans durée. L'esprit cependant s'alimente encore; mais, devenu calme et judicieux, ce ne sont plus des idées vagues qu'il appelle, c'est une instruction précise; il délaisse les enchantemens de la poésie pour les réalités de la raison; il demande au savoir de le conduire sans efforts à la connaissance de la vérité.

Tels sont les traits généraux sous lesquels se montrent parallèlement les individus et les peuples qui avancent dans l'âge mûr; c'est à eux de déterminer, d'après ces conditions, quel est le caractère qu'ils doivent donner à leur régime. Cette détermination est facile pour les hommes sages et intelligens; pour les peuples, elle est compliquée de plus de difficultés, de plus de résistances. Un homme, dans l'âge mûr, étudie son ame, connaît ses besoins, y conforme sa conduite bien plus aisément que ne peut y parvenir un peuple arrivé au même âge; la composition de celui-ci est toujours hétérogène; bien des hommes qui ont dépassé l'âge mûr n'ont gardé un souvenir prononcé que des avantages dont jouissait la société pendant leur jeunesse; il les recommandent comme supérieurs aux avantages des âges subséquens; ils s'efforcent de les ramener; et, d'ordinaire, leur position sociale donne à leur voix de l'influence. Par réaction, les hommes, jeunes encore d'âge, ou de tempérament, ou de pensée, cherchent à presser de nouveau la société dans la carrière du progrès, du développement; et comme une telle impulsion se revêt aisément de formes brillantes, elle produit çà et là quelque entraînement. Mais le besoin général n'est exprimé, ni par les hommes qui veulent rejeter en arrière le mouvement social, ni par ceux qui s'efforcent de le précipiter; il est exprimé par ceux qui le suivent, et c'est la société entière : témoin les mœurs générales, auxquelles s'associent également les hommes qui gémissent sur l'abandon des choses anciennes, et ceux qui provoquent en paroles éloquentes l'ardeur civique, le dévoûment aux intérêts communs. A quelques exceptions près, les uns et les autres poursuivent avant tout les intérêts de leur propre existence; s'il se forme, de part ou d'autre, quelques faisceaux politiques, ils ont, pour lien ostensible, un *principe*, une affection, une opinion spéculative, et, pour lien réel, le besoin d'obtenir, par un effort commun, le succès d'une ambition à laquelle d'autres ambitions résistent. Le succès obtenu, il reste à en partager les avantages; le faisceau se divise.

Telles sont les mœurs générales chez un Peuple mûri par la civilisation; et l'on ne saurait trop le dire: Les mœurs sont la seule expression claire, la seule expression sincère des vœux et des besoins.

Cette expression est moins posisive de la part des individus que de la part du peuple; il est quelques individus qui feignent en public des mœurs différentes de celles dont ils ont l'habitude secrète; mais la masse générale d'un peuple ne saurait feindre les inclinations qu'elle n'a pas, ni exprimer les idées qui lui sont étrangères.

Que le Législateur, à une époque quelconque, examine donc avec attention le caractère des mœurs contemporaines; et à leurs indications, toujours faciles à saisir, qu'il ajoute la prévoyance, également facile, de l'ordre d'idées et de mœurs auxquelles les générations suivantes seront conduites par la gradation naturelle de l'âge et du mouvement. Les lois rédigées sous une telle inspiration seront alors les meilleures qu'il puisse établir, puisqu'elles seront appropriées à l'état actuel, et, par anticipation, à l'état prochain.

Ainsi, pour appliquer ce Principe aux périodes successives de la vie des Peuples, nous dirons :

Que le caractère social d'un Peuple naissant étant la faiblesse, l'ignorance, et en même temps la curiosité vive et le besoin d'accroissement, il faut le maîtriser, mais paternellement; le conduire avec bonté, mais sans prendre son avis, parce qu'il n'est pas en état d'avoir un avis encore; fournir, par une instruction élémentaire et variée, un aliment simple à son désir de connaître, appliquer son activité mobile à l'industrie mécanique, à l'industrie agricole; chercher enfin, en sa faveur, les moyens de le faire grandir, mais sans injustice, sans violence, en lui donnant de bonne heure l'habitude de la probité sociale, qui consiste, pour les peuples comme pour les individus, à placer, dans les droits et les propriétés d'autrui, la limite des droits que l'on veut exercer et des propriétés que l'on veut acquérir.

La jeunesse étant venue, et le caractère social de cet âge étant la chaleur d'âme, la disposition aux sentimens profonds, le besoin de tous les genres de progrès, de tous les genres d'actions à la fois vives et fortes, il faut encore maîtriser un peuple parvenu à cet âge passionné, à cet âge critique. Mais comme la raison aussi commence à lui appartenir, il faut le consulter sur tous ses intérêts, s'emparer de sa confiance en le pénétrant d'amour et de respect, diriger son exaltation vers les idées nobles, grandes, généreuses, vers l'étude de l'univers, faite en quelque sorte poétiquement, religieusement, par sentiment et inspiration plutôt que par observation précise. Enfin, il faut aussi ménager, autant qu'il est possible, à la surabondance de ses forces, un développement extérieur, non en le rendant aggresseur, usurpateur, conquérant, mais en l'excitant à donner aux œuvres, soit de son intelligence, soit de son industrie, une valeur qui les rende précieuses aux peuples moins avancés en industrie et en intelligence. C'est ainsi qu'il sera conduit à l'âge mûr d'une manière à la fois paisible et brillante.

Au moment où l'âge mûr se détermine, le caractère social étant le mélange harmonique de la raison et du sentiment, des besoins de l'esprit et des besoins matériels, il faut que, pour la première fois, la liberté politique entre dans le régime, mais qu'elle s'y place en équilibre avec l'autorité. Les institutions publiques doivent satisfaire le désir général, qui commence à ne plus appeler, comme dans la jeunesse, l'extension d'éclat, l'extension de territoire, mais la liberté civile, le bien-être et la sécurité.

A cet âge, où la force de l'homme est parvenue à son plus haut degré, non d'ardeur, mais de puissance, parce qu'elle est devenue calme, égale, parce qu'elle s'est distribuée avec harmonie dans toutes les parties de son Être, la liberté d'exercice est nécessairement réclamée par toutes ces parties, par tous ces organes, surtout par l'intelligence. Ainsi, dans un État parvenu à l'âge mûr, l'esprit du citoyen doit avoir la libre faculté de tout examiner, de tout discuter, de tout proposer, faculté qui entraîne, à son tour, le droit de délibérer, de choisir, de prononcer sur le mérite social des propositions particulières, de convertir en lois celles qui seraient jugées d'une utilité générale.

Mais, d'un autre côté, ce droit deviendrait bientôt illusoire, et se perdrait dans le désordre, s'il était définitivement exercé par tous les membres de la société. Ainsi la délibération législative, initialement formée par la liberté de discussion générale, doit ensuite être éclaircie, mise en ordre par un petit nombre d'hommes, organes des divers genres d'intérêts; et la proposition officielle des lois, ne pouvant être, en réalité, que la première rédaction du vœu général, ne saurait être confiée à plusieurs hommes, mais à un seul homme, placé de manière, non seulement à connaître mieux que tout autre les divers intérêts généraux, mais assez élevé au-dessus de ces intérêts, pour pouvoir les écouter tous avec attention et impartialité.

A ces conditions seules, la liberté politique, dont le premier emploi est l'action législative, peut appartenir efficacement et sans tumulte à la société entière.

Quant à la sécurité d'existence, l'un des objets principaux du désir général chez les peuples parvenus à l'âge de maturité, elle ne peut avoir qu'une base et une garantie: c'est la force, la modération, et la stabilité de l'action administrative.

Il faut distinguer soigneusement dans, un État civilisé, l'action administrative, ou d'exécution, de l'action législative, ou d'intelligence et de liberté. Celle-ci tient, dans l'économie sociale, la place qui est occupée, dans l'économie de l'individu, par la volonté, par la pensée. De son côté, l'administration sociale est représentée, dans l'individu, par le cœur et le système des vaisseaux qui en dépendent. L'action de ce système ne peut être bien ordonnée qu'autant qu'elle s'exerce librement, sans l'intervention directe de la volonté. Lorsque, dans un État civilisé, l'action intellectuelle, qui est la volonté générale, se mêle directement à l'action qui exécute, l'effet qui en résulte est signalé par celui qui a lieu, dans l'économie de l'individu, lorsque l'influence nerveuse exalte l'action artérielle : désordre, palpitations, inflammation ; un degré de plus, anévrisme du cœur, mort violente.

Ajoutons une importante considération : dans les États mûris par la civilisation, il existe, comme nous l'avons dit, les deux classes générales, l'une, des hommes plus spécialement fixés, l'autre, des hommes plus spécialement mobiles, qui constituent essentiellement toute société humaine. Mais, pendant la jeunesse des peuples, ces deux classes sont séparées l'une de l'autre par des barrières difficiles à franchir. L'effet progressif de la civilisation est d'affaiblir progressivement ces barrières, en sorte que lorsque la maturité sociale est arrivée, les deux classes existent encore dans chaque moment donné, mais leurs élémens n'ont plus de permanence; liées entr'elles par l'entremise de la classe intermédiaire, elles sont susceptibles d'échanges réciproques, de transfusions fréquentes, qui les modifient sans cesse l'une par l'autre. Ainsi l'un des caractères essentiels de l'époque est une transformation continue des situations individuelles; les unes montent, les autres descendent. Et ces deux mouvemens en sens inverse ne sont point, par eux-mêmes, une source de danger, parce que, par eux-mêmes, ils tendent sans cesse à se mettre en équilibre. Mais, de leur croisement continu, il résulte que toute fédération d'individus ou de familles a cessée d'être possible, que par conséquentt toute *féodalité* est terminée, ou du moins en mouvement d'extinction croissante, et qui, à son terme, sera définitive; car, nous ne saurions l'oublier : les effets généraux, les effets du temps, sont non-seulement des effets nécessaires, des effets que nulle puissance humaine, nulle circonstance, n'auraient pu prévenir; mais leur essence est de marcher sans cesse vers le développement, et enfin vers le complément, des conditions qui les caractérisent.

Disons maintenant que, pendant la jeunesse des peuples, le Pouvoir, qui, sous une forme et un titre quelconques, exerce l'action administrative, est protégé, soutenu, par l'Aristocratie féodale avec laquelle il est immédiatement en contact, et qui, pour cette raison, est directement intéressée au maintien de sa force, qui, même, cherche naturellement à l'augmenter, parce qu'elle est naturellement associée à son exercice.

Les progrès de la civilisation ont ainsi, pour un de leurs effets inévitables, d'isoler le pouvoir administratif, de le conduire par conséquent au besoin d'une puissante concentration et d'une parfaite indépendance, A cette condition seule, un pouvoir isolé peut se maintenir. C'est là, chez les peuples parvenus à l'âge mûr, une nécessité sociale du premier ordre; car, chez de tels peuples, l'action administrative ayant déjà perdu ses soutiens naturels, si, de plus, elle recevait, à un degré quelconque, l'influence de l'action populaire, il n'y aurait plus de stabilité dans l'économie politique, par conséquent plus de sécurité dans les situations individuelles. Or, nous avons vu que la sécurité d'existence individuelle est, à l'époque dont nous parlons, l'un des besoins le plus généralement indiqués par les mœurs.

Sans doute, l'action administrative, rendue puissante, inébranlable, par la concentration et l'indépendance, peut essayer d'envahir toute l'action législative, et, à l'aide de circonstances habilement ménagées, y parvenir. C'est là un danger attaché à la nécessité sociale que nous venons de reconnaître. Mais en premier lieu, un danger attaché à une nécessité n'ôte point à celle-ci son caractère ; un danger peut être écarté ; une nécessité est inévitable.

En second lieu, c'est le danger lui-même qui est inévitable, lorsque l'action populaire intervient dans l'action administrative, parce que l'action populaire est, par sa nature, indéfiniment progressive ; c'est en elle que réside essentiellement la faculté d'extension ; pour peu qu'elle soit libre d'exercer cette faculté hors des limites de l'équilibre, elle ne peut plus être empêchée d'acquérir une liberté d'exercice de jour en jour plus étendue ; elle ne peut, par conséquent, être empêchée de marcher, avec plus ou moins de rapidité, à l'envahissement de tous les pouvoirs ; et alors la situation est violente, convulsive, désastreuse, mais courte, parce qu'elle ne fait bientôt que rendre plus frappante, plus pressante, cette nécessité même à laquelle on avait voulu échapper, cette nécessité d'une administration concentrée, indépendante. Une Dictature absolue est généralement invoquée comme la seule source de repos et de sécurité.

Et, à son tour, que de pente vers l'extension, vers le progrès, dans une Dictature absolue ! Quel homme ardent, énergique, s'arrête en acquisition d'autorité, d'éclat, de renommée, lorsqu'il peut ne pas s'arrêter? Et où court-il? à l'abîme; Napoléon l'a montré.

Non, non! point de pouvoirs extrêmes, ni dans les peuples, ni dans les hommes chargés de les conduire. Balancement des forces sociales : c'est à cette condition seule qu'il y a douceur et durée dans le mouvement.

Mais il importe de retenir que tous les peuples sont destinés à parcourir les quatre âges de l'existence vitale; que, parvenus au milieu de cette existence, à l'âge de maturité, chacun ne forme plus qu'une masse homogène, en ce sens, que toutes ses parties s'entrelacent, se confondent, se transforment sans cesse; que, par conséquent, il n'y a plus, dans l'État, que deux Êtres, deux personnes, le Peuple et le Gouvernement; que c'est entre ces deux personnes, respectivement organisées l'une pour l'autre, que le balancement doit s'établir; que le Peuple, quoique multiple et varié sous le rapport de l'intelligence et de la fortune, étant devenu homogène sous le rapport des mœurs, le Gouvernement doit devenir homogène sous le rapport de la puissance; que le Peuple et le Gouvernement doivent, l'un et l'autre, jouir de l'indépendance politique, c'est-à-dire n'être soumis, l'un et l'autre, qu'aux lois qu'ils auront établies de concert, après avoir écouté ensemble les besoins généraux, indiqués eux-mêmes par les mœurs générales, discutés librement, publiquement, par toutes les intelligences.

Tels sont, à mes yeux, les Principes généraux de l'économie sociale. Corollaires immédiats des Principes, plus généraux encore, sur lesquels l'Ordre universel est fondé, ils ont, ce me semble, le caractère d'une démonstration rigoureuse.

S'il en est ainsi, ils tracent la *Morale politique*, ou la Morale des Gouvernemens et des Peuples. La Morale, avons-nous dit, est, pour tous les genres d'êtres vivans et intelligens, la science des devoirs et l'art du bonheur. Le devoir politique, c'est la justice; et la justice, c'est la forme sociale du balancement ou de l'équilibre. Le bonheur, c'est la douceur calme et continue de l'existence; il ne peut résulter que de la conformité des vœux avec la marche du temps et les lois de la situation.

Chaque peuple doit donc faire consister sa Morale dans le soin de vouloir, de préparer, en lui-même, ce que le temps amène, et ce que sa situation, ou ses rapports avec les autres peuples, lui permettent d'obtenir.

A cet égard, des pensées importantes découlent de la marche progressive du Genre humain, considéré comme l'ensemble des hommes et des peuples. Voici le précis de ces pensées.

Pendant une longue suite de siècles, les diverses parties du Genre humain, les Peuples, avaient entre eux peu de relations. Les moyens de communication étaient rares et périlleux. Les progrès du commerce, de la navigation, de l'industrie, de l'intelligence, ont graduellement étendu la sphère des sociétés hnmaines; chacune a pénétré par ses rayons dans le sein des sphères environnantes; les plus avancées en civilisation ont fini par explorer presque toute la surface du globe; les liens se sont alors multipliés; les rapports réciproques sont devenus presque universels; chaque peuple, le plus considérable comme le plus faible, a participé, d'une manière plus ou moins sensible, aux effets de tous les changemens opérés dans l'existence de chacun des autres. En un mot, le Genre humain s'est avancé vers cet état de solidarité générale, qui, dans le système vivant de chaque individu, lie entr'elles les diverses actions de tous les organes.

Cet enchaînement des peuples s'étendra, se perfectionnera encore; il atteindra son objet, qui sera, comme dans le corps humain, une correspondance harmonique entre toutes les parties; et cette époque, analogue à l'âge mûr de l'individu, sera l'âge mûr de l'espèce humaine.

Les prémices de cette époque appartiennent déjà d'une manière marquée aux faisceaux partiels formés par les peuples civilisés. En Europe spécialement, la solidarité politique des Peuples qui s'en partagent le territoire, est maintenant un fait accompli. Du midi de l'Espagne au nord de la Russie, de l'occident de la France à l'orient de l'Allemagne, il ne peut plus s'opérer un mouvement politique d'un genre quelconque, qui n'excite, dans le reste de l'Europe, les contre-mouvemens destinés à en balancer l'influence. C'est ainsi que, de nos jours, la marche rétrograde des institutions dans la Péninsule a pressé, partout ailleurs, surtout en France, les progrès des idées favorables à la liberté; réciproquement, la marche presque impétueuse de la Nation française, dans le sens libéral, depuis la fin de l'année 1827, a relevé en Angleterre l'influence aristocratique, et multiplié partout, même en Belgique, les précautions du pouvoir.

Il est naturel que cette coalition répressive provoque les plaintes des hommes dont elle retient l'essor. Mais, dans cet essor, dans ces plaintes, dans la répression qui les excite, il ne faut encore voir que des effets de ces nécessités inévitables qui sont inhérentes à l'ordre social, ou même qui le constituent. La Loi du balancement des forces est la Loi de l'univers.

Soyons maintenant désintéressés dans notre propre cause, ou plutôt cherchons avec calme où se trouve notre véritable intérêt. Pour cela, écoutons la science du devoir et l'art du bonheur; écoutons la Morale : L'extension, nous dit-elle, est, pour les peuples, comme pour les individus, la source immédiate du plaisir; par cela même toute extension aspire à être indéfinie; les obstacles lui déplaisent; mais la liberté indéfinie d'extension mène rapidement à la langueur, à l'épuisement, à la mort. Voyez le Peuple Romain après la ruine de Carthage et l'asservissement de la Grèce! plus de combats; plus de résistances; sa domination est absolue!... Et c'est le signal de sa chûte; elle est brusque, encore plus honteuse; cet ancien oppresseur de tout ce qui l'environne, traîne dans la plus vile servitude une existence misérable; des Barbares la terminent.

Les obstacles, dans la vie des peuples, sont donc, comme dans la vie de l'individu, conservateurs de la force; et sans les appeler, genre d'efforts qui n'est point dans la nature, il faut, lorsqu'ils se présentent, lorsqu'ils sont invincibles, tourner sa raison vers les avantages dont ils sont la source, reconnaître la valeur de ces avantages et en profiter. Un Peuple sensible et intelligent est, comme un individu du même caractère, toujours en état de se livrer à un plus grand nombre d'occupations, agréables ou importantes, qu'il n'en a le loisir. S'il est pleinement libre, il se tourne de tous les côtés; il veut goûter tout ce qui l'intéresse, se porter vers tout ce qui l'attire, entreprendre tout ce qui lui est indiqué par ses facultés et ses inclinations. Il se trouve ainsi entraîné à ébaucher à la fois un grand nombre de choses, à n'en terminer aucune; ce qui, par le mécontentement et la lassitude, le jette bientôt dans l'ennui et le dégoût. Mais qu'avant ce terme, des contrariétés surviennent, que ce peuple sensible et intelligent, ou que l'individu du même caractère, soient empêchés de remplir tout ce qu'ils croyaient être leur destinée, qu'ils soient arrêtés dans une carrière que leur imagination semait des douceurs de la gloire ou de celles de la fortune, au premier moment, leur âme se replie et souffre; mais bientôt, s'ils ont des idées sages et des sentimens de justice, ils se disent : cette satisfaction, que j'ambitionnais, est devenue la part d'un autre peuple, d'un autre homme; il faut, pour tous les hommes, pour tous les peuples, des biens et des plaisirs. Mais on ne m'a pas tout enlevé; on me laisse les affections domestiques, la culture des sciences, des beaux-arts, le goût de la nature paisible; réduit à ces biens que je négligeais, c'est sur eux que se concentrera mon ardeur; je les goûterai ainsi avec profondeur, avec constance. Au lieu de dissiper ma vie dans l'éclat et le tumulte, je la ménagerai, je la fortifierai dans l'occupation modeste; j'ai perdu des jouissances; je gagnerai du bonheur.

N'en doutons pas : le bonheur des peuples, comme celui des individus, est dans la modestie de l'existence.

---

Les Principes de Politique générale que je viens d'établir, s'éclairciront par les lumières qu'ils vont eux-mêmes jeter sur l'histoire récente du Peuple Français, et sur les conditions politiques de sa situation actuelle.

---

## CHAPITRE III.

**Application des principes généraux aux conditions politiques de notre situation actuelle.**

La situation actuelle d'un peuple quelconque se compose des conditions amenées par son âge, son caractère, sa position sur le globe, ses relations avec les peuples contemporains, et enfin les événemens de son histoire.

De ces conditions, l'âge et le caractère sont les principales; leur influence est majeure, parce qu'elle est essentielle et continue; les autres conditions sont accessoires, cependant très importantes, parce qu'elles modifient plus ou moins les effets naturels de l'âge et du caractère.

Tout peuple, avons-nous dit, quels que soient son caractère, son âge, quelle que soit sa position, tout peuple, dans tous les momens de sa durée, est tributaire de deux impulsions, l'une qui tend à le développer, à augmenter sa fortune sociale, l'autre qui tend à conserver, à prolonger son existence. Ces deux impulsions, dans la vie de chaque peuple, comme dans la vie de chaque individu, marchent en sens inverse l'une de l'autre; pour cette raison elles ne sont égales entr'elles, ou en parfait équilibre, qu'à une seule époque, vers le milieu de la durée, à l'époque où se détermine l'*âge mûr*. On sent combien, entre deux progressions croisées, ce terme d'un équilibre parfait doit être transitoire, combien, d'un autre côté, dans l'existence des peuples, qui est si compliquée, et même dans l'existence de l'individu, ce terme de l'équilibre parfait peut être avancé ou retardé.

Mais, pour la simplicité du raisonnement, plaçons au milieu exact de la durée, ce terme fugitif d'un balancement exact entre l'instinct de progrès et l'instinct de conservation. Nous nous représenterons alors tout peuple, ainsi que tout individu, comme lancé dans la vie par une force semblable à celle qui projette un mobile dans l'espace. Pendant la première moitié de son mouvement, ce mobile s'élève avec une vîtesse progressivement affaiblie par la résistance de sa pesanteur. Pendant la seconde moitié, sa pesanteur augmente sans cesse de puissance; à l'instant où le mobile touche de nouveau le sol qu'il avait quitté, sa pesanteur a atteint un degré de force exactement égal à celui qui avait appartenu à l'action impulsive au premier instant de la projection.

L'unité absolue de la nature fait que là se trouve, réduite à son expression la plus simple, l'histoire de tout Être vivant, c'est-à-dire de tout peuple, de tout individu, de tout animal, de tout végétal. Il y a cette différence que le végétal ne sent pas cette condition universelle de l'existence vitale; les animaux la sentent, mais ils ne s'en rendent pas raison; ils sont, à son égard, sans influence; les peuples, les individus, la sentent, s'en rendent raison; ce qui fait qu'ils peuvent presser ou ralentir le mouvement qui les entraîne, sans pouvoir, néanmoins, s'affranchir de la loi du balancement entre les deux phases opposées de ce mouvement.

Tout peuple, tout individu, s'élève donc pendant la première moitié de son existence; mais son action ascendante, fruit immédiat de sa force de progrès, est graduellement affaiblie par sa force répressive ou conservatrice qui, semblable à la pesanteur du mobile, a pour but essentiel de l'empêcher, autant qu'il est en elle, de s'élever, de se développer, de s'étendre, mais qui, pendant cette première moitié de la vie, fait des efforts inférieurs à ceux de l'impulsion de progrès; celle-ci domine sans cesse, mais d'une quantité qui sans cesse diminue. Réciproquement, pendant la seconde moitié de l'existence sociale, ainsi que de l'existence individuelle, l'impulsion inextensive, ou conservatrice, domine l'impulsion extensive ou de progrès, mais d'une quantité qui augmente sans cesse. C'est au terme de la vie que chaque peuple, ainsi que chaque individu, désire le moins s'étendre et le plus se conserver.

A quel terme, dans la courbe sociale, le Peuple Français est-il arrivé ; ou, sans figure, quel est, en ce moment, l'âge du Peuple Français?

Nous l'avons dit; il est un moyen sûr, mais unique, de le connaître. Ce moyen, pour un peuple quelconque, est fourni par ses mœurs ou inclinations générales. Aujourd'hui les inclinations et les mœurs du Peuple Français sont manifestement analogues à celles de l'homme qui est parvenu à l'âge mûr, qui même s'est avancé dans la période de cet âge : besoin de liberté dans l'exercice de l'intelligence, recherche des douceurs de la vie plus que des faveurs de la gloire, vastes lumières, sagacité prompte, mises en œuvre par l'instinct de raison et de vérité, affections légères, opinions calmes, sans élan, sans poésie, n'entraînant plus dévoûment, enthousiasme, sacrifices, mais ne supportant pas la gêne, l'oppression; relations politiques sans fermeté, sans énergie, n'ayant plus pour liens des idées spéculatives, des dogmes, des croyances, mais des intérêts d'ambition ou de fortune, genre d'impulsions qui tendent toujours à la divergence; goût du bien-être et des plaisirs; pour cette raison, variété continuelle dans l'emploi du temps et de l'industrie, désir secret de changemens, d'événemens, qui fournissent des distractions, de l'amusement, qui amènent sur la scène du monde de nouveaux acteurs, un nouveau spectacle, sans cependant compromettre le sort personnel.

Telle est, en ce moment, à quelques exceptions près, la disposition générale du Peuple Français, disposition d'ailleurs qui n'est point récente; elle a précédé la naissance de la Révolution Française; c'est même parce que déjà vers le milieu du siècle dernier, un tel état de mœurs se prononçait, que cette grande révolution est arrivée. Les révolutions sont pour les peuples, comme pour les individus, des crises d'âge et de tempérament; c'est ce qui les rend inévitables.

Déjà, en France, vers le milieu du siècle dernier, l'intelligence humaine réclamait, saisissait la liberté d'exercice; et la liberté de l'intelligence ne peut s'établir sans entraîner tous les genres de liberté. Les immenses progrès des sciences, de la littérature, des beaux-arts, de l'industrie, pendant le règne long et paisible de Louis XV, avaient élevé la puissance de l'esprit, du goût et du savoir, bien au-dessus de toutes les antiques puissances du dogme, de l'habitude; les institutions, fondées par les idées dogmatiques ou féodales, perdaient chaque jour leur seul appui; chaque jour on cessait un peu plus de croire à la vérité de ces idées et à leur utilité sociale; les titulaires même des diverses dignités, féodales ou ecclésiastiques, s'associaient au mouvement des esprits; ils ne défendaient plus que mollement, sans persuasion, les croyances antiques; mais, par un penchant très naturel, ils tenaieut aux bénéfices de position que ces croyances leur rapportaient.

C'était pour eux une position fausse, toute tramée d'inconséquences. Mais les peuples n'ont pas, comme les individus, le pouvoir d'être inconséquents. Quand la base idéale d'une institution est ruinée dans l'opinion populaire, il faut que l'institution tombe; il n'y a aucun moyen de l'empêcher.

Mais il y a des moyens de retarder sa chute; et les hommes qui doivent souffrir, dans leur fortune ou leur amour-propre, de cette chute nécessaire, obéissent au premier penchant de l'humanité, en s'efforçant de la prévenir. Lorsqu'ils y parviennent; lorsqu'ils écartent même les transitions, les concessions, qui pourraient adoucir le mouvement, ils ne font qu'en préparer, pour l'avenir, l'impétuosité et la violence.

En France, comme chez tous les peuples, c'était surtout dans la classe moyenne que s'étaient faits les progrès du savoir, de l'industrie, de l'intelligence; là, par conséquent, étaient les exigences ardentes de changement et de liberté.

Dans la classe supérieure étaient les résistances excusables, naturelles, mais qui toujours, chez tous les peuples en état de crise, se font avec imprévoyance.

Abusée par des désirs qu'elle prenait pour des raisons, cette classe menacée compta sur l'appui des Gouvernemens étrangers, en obtint même quelques démonstrations qui donnèrent à son espoir et à son langage le ton de la confiance. La classe moyenne souleva alors la classe inférieure, l'échauffa de ses passions, lui offrit le partage des plus riches dépouilles, et, imprévoyante à son tour, appela à son aide l'ignorance, la cupidité, la brutalité, la démence; la France entière disparut sous les flots désordonnés d'un effroyable torrent.

Un homme vint, qui en dévia la furie; il la jeta sur l'Europe, sur l'Asie, l'Afrique, l'Amérique; mais, en homme habile, et de plus en homme de son siècle, il se hâta de satisfaire, en France, les deux besoins indiqués par les mœurs générales : liberté à toutes les opinions, à toutes les intelligences; sécurité à toutes les positions. Son Gouvernement fut bientôt au gré, non seulement des hommes de la classe moyenne et de la classe inférieure, mais du plus grand nombre des hommes qui avaient composé la classe supérieure. Aujourd'hui encore, le Gouvernement de Napoléon conserve l'estime prononcée, vraie, de bonne foi, non seulement des hommes qui, en politique, sont partisans de la Monarchie absolue, mais encore de ceux qui, par opinion, par affection, par caractère, se tournent vers la liberté; concert très remarquable, qui signale avec évidence les dispositions générales.

Napoléon fit une immense faute, bien propre à démontrer combien la connaissance des lois éternelles, des lois de la nature, est nécessaire à la direction du génie. Napoléon ne vit pas qu'un peuple, dont l'intelligence veut être libre, et qui, dans les progrès de sa civilisation, de son industrie, de ses beaux-arts, a puisé le goût des jouissances de la vie, n'en est plus aux impulsions extensives et aventurières de la jeunesse, ne demande plus à être cosmopolite et conquérant. Pour avoir persisté, par erreur d'opinion et par audace de caractère, dans un système outré de prospérité, d'agrandissement, Napoléon fut conduit, malgré lui, jusques à la nécessité fatale de retirer au Peuple Français les deux biens qu'il lui avait rendus : la sécurité de position et la liberté d'intelligence. Il épuise toutes les fortunes, désole toutes les familles, opprime toutes les pensées; il s'était élevé en Dictateur généreux; il tombe en Tyran opiniâtre !..... Honneur à ses intentions, à ses talens, à son courage; regrets à ses malheurs, paix à sa mémoire.

Suivons l'immense Drame de la Révolution Française.

Le colosse n'est plus; un homme sage lui succède; la tyrannie est terminée, mais la Dictature ne se continue pas; ce fut un malheur, mais un malheur inévitable. Dans la situation où les événemens de 1814 laissaient la France, lorsque, sur un sol rétréci, écrasé par d'effroyables désastres, refluaient, de tous les points de l'horizon, des flots d'ambition, de dépit, de ressentiment, de vengeance, une nouvelle Dictature n'aurait pu être exercée que par un Général intrépide, aussi énergique que Napoléon, aussi maître que lui de ses soldats; et un tel homme n'aurait pas été accepté par les autres Souverains, parce qu'il aurait renouvelé leurs inquiétudes. Il fallait, en ce moment, à la France, un Monarque pacifique par habitude, autant que par raison et par caractère; il lui fallait de plus un homme éclairé, connaissant l'état des esprits, ayant l'intention de concilier, autant qu'il serait possible, tous les vœux et tous les regrets.

Ces qualités étaient celles de l'homme que ses droits naturels ramenèrent sur le trône. Son inclination, autant que la nécessité, le portèrent à constituer, sous forme représentative, le Gouvernement de sa patrie, afin de confier au Peuple Français lui-même le soin de se régler et de s'apaiser.

Mais que peut-on entendre par une forme politique, par une forme d'un genre quelconque? Au figuré comme au matériel, il n'y a jamais de forme bonne et convenable que celle qui est parfaitement adaptée à la natnre et aux dimensions du corps qui en est revêtu.

Il n'y a ainsi de forme représentative bonne et convenable que celle qui reproduit extérieurement, et avec exactitude, la nature, les mœurs, les intérêts du peuple régi par ce mode de Gouvernement; s'il est des intérêts dignes d'égards, qui cependant soient laissés en dehors du système; s'il est, par exemple, une classe considérable de citoyens utiles que la constitution politique empêche elle-même de participer à la représentation sociale, cette représentation n'est point complète, n'est point vraie, n'est point générale; elle n'est, par conséquent, ni bonne, ni convenable; c'est une forme incommode, au sein de laquelle le corps social se trouve mal à l'aise; que, pour cette raison, il tend sans cesse ou à changer, ou à rejeter.

La Charte Constitutionnelle, donnée par Louis XVIII, exclut de toute participation à la représentation sociale une classe de citoyens, la plus laborieuse, la plus intéressée par sa position modeste, souvent difficile, à la bonne administration de l'État. Au-dessous des hommes qui paient trois cents francs d'impositions, qui, à ce titre, sont électeurs, et dont le nombre s'élève de soixante à quatre-vingt mille, se trouve un nombre beaucoup plus considérable de citoyens domiciliés, payant impôt, de citoyens, propriétaires ou industriels, jeunes ou âgés, célibataires ou pères de famille, formant la portion majeure de la population active.

Une telle exclusion, considérée en principe, est une choquante anomalie. Le Peuple Français, ainsi représenté, ressemble à l'homme dont le vêtement ne laisserait de liberté qu'aux mouvemens de la tête et de la poitrine, mais dont les membres seraient serrés et cachés par le maillot le plus étroit; des cris, des convulsions seraient tout son langage, et bientôt il ne serait remarquable que par de monstrueuses difformités.

Dans un système quelconque, il n'y a harmonie d'effets que par l'équilibre des parties; si une seule est comprimée, toutes sont en souffrance et en désordre.

La Charte Constitutionnelle, donnée par Louis XVIII, est-elle donc, pour la mémoire de ce Prince, un sujet de reproche? je suis loin de le penser. Puisque, à son retour sur le trône de France, il ne voulait ou ne pouvait prendre temporairement la Dictature, puisqu'il croyait être contraint, par des circonstances impérieuses, de partager immédiatement, avec son peuple, les soins du Gouvernement, son devoir était de consulter les dispositions que ce peuple manifestait en ce moment, afin de prévoir l'usage qu'il ferait des concessions de la Couronne. Or, à cette époque, en 1814, non seulement l'agitation était dans toutes les classes de citoyens, mais la classe inférieure était singulièrement égarée par les préventions et la défiance; encore fascinée par les promesses de la révolution, encore étourdie du tumulte des camps où Napoléon l'avait appelée presque tout entière, elle s'affligeait d'être condamnée à reprendre le travail monotone de la charrue et de l'atelier; elle s'irritait contre les événemens qui étaient venus terminer ses illusions; pour cette raison, elle était prête à écouter les hommes qui flattaient ses regrets, qui l'abusaient par de fausses espérances; si, en ce moment, le Prince lui eût accordé un droit politique, elle l'aurait inévitablement exercé en faveur du soldat démagogue qui se serait montré le plus exalté.

Voilà ce qui justifie la restriction donnée par Louis XVIII au droit électoral; c'était une nécessité de circonstance, et l'homme d'État respecte les circonstances graves. Mais l'homme prévoyant sait que tout ce qui n'est que fruit de circonstances est de nature transitoire, et qu'il faut éviter de donner un caractère définitif aux mesures qu'elles exigent.

Selon toute vraisemblance, cette distinction importante, entre les choses de nature permanente et les choses de circonstance passagère, frappait l'esprit judicieux de Louis XVIII; mais comme il est avantageux, en politique, que les peuples croient à la stabilité des institutions qui les régissent, l'Auteur de la Charte ne manifestait pas ses vues ultérieures d'amélioration; dans toutes ses communications avec ses sujets, il prenait un style de détermination fixe; ce qui, à une telle époque surtout, n'était pas sans prudence.

Mais aujourd'hui, assez de temps s'est écoulé; assez d'expériences sont faites; chaque chose a montré sa nature, chaque cause essentielle a produit ses effets. La Charte ayant presqu'entièrement concentré le droit électoral dans la classe moyenne, l'esprit de progrès a reçu la faveur la plus prononcée; car, nous l'avons dit, chez tout peuple civilisé, quel que soit son âge, c'est surtout la classe moyenne qui est animée du besoin d'extension de fortune, d'extension d'éclat, d'extension de lumières; c'est dans cette classe que se trouvent en plus grand nombre les hommes ayant besoin, pour leur existence même, d'exercer vivement leur intelligence, d'acquérir l'art d'écrire et de parler, de donner à leur imagination une action brillante, action qui conduit naturellement à l'accroissement des désirs.

C'est ainsi la classe moyenne qui, chez tous les peuples, est spécialement pénétrée de l'esprit de progrès. Là, pour employer le mot consacré, là est spécialement le domaine des idées *libérales;* et de telles idées méritent bien d'être écoutées; elles sont l'expression de la chaleur et de la vie. Mais, si elles sont trop écoutées, si elles parlent seules, ou si du moins leur voix, dont l'accent a naturellement tant de saillie, prend, à la faveur même de la constitution de l'État, un volume retentissant, les idées de conservation sont opprimées, étouffées : l'État marche vers la mort, par excès de jouissances et de vivacité.

Hâtons-nous de le dire : s'il est des individus qui courent ainsi à leur destruction par l'usage d'une liberté indéfinie, ce terme fatal n'a jamais le temps d'arriver dans la vie des peuples; lorsque l'impulsion de progrès s'est élevée jusques à devenir menaçante, les alarmes qu'elle donne reveillent l'instinct de conservation, l'excitent à une défense, à des précautions, à des procédés de répression, qui puissent balancer l'action progressive.

Et, d'ordinaire même, l'esprit de conservation ne s'arrête, pas dans son action répressive, au balancement qui serait indiqué par la sagesse; semblable au pendule en mouvement, il dépasse la ligne de l'équilibre ; il prend un excès d'influence : ce qui provoque de nouveau l'excès d'impulsion progressive, par lequel l'excès de répression est encore ramené.... et, ainsi de suite, selon une alternative indéfinie.

Lorsque la vie des États s'exerce de cette manière convulsive, on peut être certain qu'il y a un vice essentiel dans le mode de gouvernement, de même que, pour l'individu, la fièvre et ses paroxismes intermittens sont l'indice positif d'un vice essentiel dans le régime. La santé politique, comme la santé de l'individu, a pour signe le balancement doux et ondulatoire entre les satisfactions de l'instinct de progrès, et les satisfactions de l'instinct de conservation.

La Constitution de 1814 commençait à peine d'être exécutée que son Auteur même fut obligé de céder aux inquiétudes et aux réclamations des hommes qui lui demandèrent de donner des contre-poids aux espérances, aux désirs, que les libéraux fondaient sur le mode, beaucoup trop concentré, de l'action électorale. La liberté de la presse était écrite dans la Charte ; nulle distinction, à cet égard, au détriment de la presse périodique ; cependant la censure des journaux fut rétablie ; institution d'autant plus malheureuse qu'elle affectait la société entière. Les censeurs pouvaient être des hommes très recommandables par leurs intentions et leurs lumières; ils pouvaient être convaincus de très bonne foi, et par des raisons très spécieuses, qu'ils remplissaient une fonction éminemment utile, par conséquent très honorable; le temps de cette fonction était passé; la société entière était, depuis assez long-temps, entrée dans l'âge mûr, dans l'âge où l'un des premiers besoins est la liberté de l'intelligence. Quel est l'homme, parvenu à l'âge mûr, qui supporterait un tuteur de sa conduite, un contrôleur de sa pensée, un censeur de ses écrits ?

Comme les dispositions générales, lorsqu'elles sont comprimées, trouvent cependant toujours les moyens de s'exercer, la censure, qui pesait sur toutes les opinions, sur tous les partis, sur tous les caractères, fit naître en concurrence deux Recueils, la *Minerve* et le *Conservateur*, qui éludèrent, par des combinaisons faciles, la périodicité régulière, et s'affranchirent ainsi de la lettre des lois, chose sacramentelle dans les gouvernemens représentatifs.

Les auteurs de la Minerve et du Conservateur étaient sans doute des Écrivains très distingués; ce qui ne suffit pas pour expliquer le succès extraordinaire qui fut obtenu en même temps par l'un et l'autre de ces deux recueils : puisque l'un et l'autre frondaient le gouvernement, avec la même amertume, mais en sens inverse, puisque l'un répondait de tous ses efforts aux plaintes de l'esprit de progrès, l'autre aux plaintes de l'esprit de conservation, il fallait que, par la forme du gouvernement, ou les influences qui en découlaient, l'esprit de progrès et l'esprit de conservation fussent, l'un et l'autre, froissés, alarmés, irrités.

Mais, ici, il est important de remarquer plusieurs différences dans le sort de la Minerve et du Conservateur, ou plutôt des deux partis dont ces deux recueils semblaient être les organes.

L'impulsion donnée par le Conservateur l'emporta, parce que, ayant eu soin de réunir dans son but ostensible, et la liberté des opinions, et la stabilité des formes monarchiques, ce recueil répondait aux inclinations pressantes mieux que la Minerve, qui, plus audacieuse, plus conséquente dans ses doctrines, mais plus circonscrite dans son objet, n'aspirait qu'au triomphe des idées libérales, quelles que pussent être un jour les conséquences de ce triomphe.

La victoire étant restée au système du Conservateur, on vit bientôt la division se mettre entre les hommes qui l'avaient fondé, ou propagé, ou soutenu. Dès la naissance de ce recueil, ses fondateurs, pressés de grossir l'armée de leurs adhérens, avaient fait un appel aux hommes de toutes opinions, de toutes nuances, qui s'alarmaient des progrès de la cause libérale. Sous le titre général d'*hommes monarchiques*, on avait enrôlé, et les hommes prudens, et les hommes timides, et les hommes féodaux, et les dogmatistes religieux. Mais ceux-ci pouvaient seuls être unis, conséquens et énergiques ; car les opinions dogmatiques donnent seules, à l'homme qui les adopte, de la véracité ardente, de la passion idéale, de l'enthousiasme; et de là découle une immense force. Aussi les dogmatistes religieux, les *jésuites*, quoiqu'en très petit nombre, ne tardèrent pas à s'emparer du mouvement auquel le Conservateur les avait associés; ils dominèrent ce mouvement; ils le dénaturèrent en le faisant sortir de ses limites légitimes; ils le convertirent en mouvement ascendant au profit de leur cause; et celle-ci devint bientôt inquiétante, immodérée, parce que son tourbillon sacré se grossit rapidement de toutes les ambitions profanes prenant le masque de la foi.

C'est ainsi que le dogmatisme religieux, secondé, altéré, dégradé par l'hypocrisie, imposa le joug le plus importun, le plus despotique, le plus humiliant, à l'administration civile, à l'administration judiciaire, envahit la police.....

Disons toute la vérité, afin qu'il en résulte, pour l'avenir, un effroi salutaire : le dogmatisme religieux, innocent dans sa source, honorable par ses motifs, mais aveugle dans sa marche, fut sur le point de rappeler l'ours de la fable ; encore quelques instans, et il écrasait la Royauté en voulant la servir.

Mais, au moment critique, s'élancèrent en sens opposé, non seulement les hommes habituellement modérés, habituellement éloignés de toute coalition politique, mais encore les hommes, anciens chefs du parti royaliste, qui n'avaient songé a faire des dogmatistes religieux que des instrumens ou des soldats; les provocateurs les plus saillans du mouvement de conservation devinrent, avec la même bonne foi, le même talent, la même ardeur, les adversaires les plus véhémens de leurs vainqueurs dans la même carrière; et comme, dans les temps de lutte politique, on ne peut quitter un camp sans être entraîné à s'engager dans le camp opposé, les *Conservateurs* politiques, religieux même, mais non dogmatistes, s'allièrent aux anciens auteurs de la Minerve, ou plus généralement aux défenseurs de la cause libérale, qui s'empressa de les accueillir.

Nous devons donc, pour être justes, cesser de nommer trahison, *défection*, ces mutations de rang, si fréquentes parmi nous depuis quinze ans. Quelques-unes, sans doute, ont eu pour mobile l'inconstance, d'autres, l'ambition; mais au plus grand nombre on peut assigner des motifs excusables, honorables même. N'oublions pas que la majeure partie de la génération, à l'époque actuelle, est pressée de deux besoins politiques, qui, tantôt s'unissent, tantôt se séparent; ces deux besoins, nous l'avons dit, sont la sécurité de position et la liberté d'intelligence. Par l'influence du premier, les hommes de la génération actuelle ont l'esprit conservateur, par conséquent monarchique; par l'influence du second besoin, ils sont, même involontairement, fauteurs du progrès dans les idées, car il n'y a jamais liberté sans progrès. Si le pilote de l'État donne au gouvernail une direction imprudente, si, par exemple, le vaisseau penche vers le dogmatisme religieux, dogmatisme essentiellement répressif de la liberté d'intelligence, l'immense majorité de la génération se jette du côté opposé, et elle est suivie par les hommes libres d'opinion, de caractère, et cependant sincèrement attachés, par caractère, par opinion et par position, à la cause monarchique.

L'état des mœurs et des esprits, en ce moment, m'entraîne à penser que si, sur le trône de France, reparaissait Louis XIV avec son caractère imposant et ferme; si, à ses qualités fières, ce grand Prince joignait les lumières que deux siècles ont données; si, jugeant avec calme et sagacité notre situation et nos besoins, il relevait son ancienne Dictature, mais en prenant l'engagement sacré de raffermir, d'une part, tous les genres d'existence, d'un autre côté de retirer toute influence politique aux opinions spéculatives, en laissant d'ailleurs pleinement libres tous les genres d'opinion; si en même temps il persuadait, fortement, généralement (ce qui serait facile à Louis XIV), que non seulement ses déterminations, ainsi caractérisées, seraient invariables, mais que ses moyens de les suivre et de les faire exécuter seraient invincibles..... La proclamation d'une telle Dictature entraînerait l'adhésion universelle.

Mais, hâtons-nous de le dire : dans cette hypothèse même, la Dictature en France ne pourrait se montrer à l'esprit judicieux de Louis XIV que comme une nécessité passagère; il reconnaîtrait sans doute que le Peuple Français, aujourd'hui, ayant atteint l'âge mûr, exige, comme l'homme parvenu au même âge, d'être consulté sur ses intérêts, sur l'administration de sa fortune, sur les lois qu'il doit lui-même exécuter, ou auxquelles il doit obéir.

Et ce serait surtout à l'hérédité royale qu'une Dictature affermie serait bientôt funeste. A Louis XIV même, et avant sa mort peut-être, succéderait brusquement un Maire du Palais.

Considérons ainsi le Gouvernement représentatif comme étant devenu en France la nécessité fixe, fondamentale; et puisque, néanmoins, le Peuple Français ne cesse d'être agité depuis qu'un Gouvernement représentatif lui a été donné, puisque, d'ailleurs, toute agitation dans la vie des peuples, comme dans la vie de l'individu, est l'indice certain d'une erreur dans leur régime, retraçons avec calme, avec impartialité, l'erreur capitale de notre régime actuel; l'indication du remède se présentera d'elle-même.

Nous l'avons dit, et rien, ce me semble, n'a plus d'évidence : Tout mode quelconque de Gouvernement doit, pour être bon en principe, remplir avec vérité, avec réalité, toutes les conditions de sa nature. Le Gouvernement représentatif n'est réel, n'est bon, en principe, que lorsque, par les institutions qui l'organisent, la masse entière des citoyens est représentée.

C'est ce qui n'a point lieu dans la Constitution Française. La majorité numérique des citoyens est en dehors de la représentation.

Chez les peuples modernes, le titre de citoyen appartient à tout homme domicilié, possédant une propriété, faible ou considérable, ou bien exerçant une profession libre, de laquelle il tire ses moyens d'existence.

Quel que soit l'âge de civilisation d'une société humaine, sitôt qu'elle est régie par un Gouvernement représentatif, tout citoyen, dans une position quelconque, doit y participer; s'il en est autrement, le Gouvernement est faux; l'État est nécessairement en souffrance.

Mais comme, dans toute société humaine, quel que soit son âge de civilisation, les biens de la fortune sont inégalement répandus, comme, à toutes les époques de sa durée, il y a nécessairement des citoyens dans l'opulence, des citoyens dans des situations difficiles, et des citoyens dans des situations intermédiaires, les inclinations politiques, qui naissent principalement des intérêts de position, sont très variées. Toutes choses égales d'ailleurs sous le rapport de l'âge et du caractère, les hommes qui participent avec abondance aux bienfaits de l'ordre social désirent naturellement que cet ordre se maintienne, s'affermisse; ces hommes sont, par conséquent, animés de l'esprit conservateur.

Et comme dans tout système social, ainsi que dans tout système d'un genre quelconque, les extrêmes, chargés de renouer le cercle, ont nécessairement des points de contact et de ressemblance, les hommes dont les moyens d'existence sont faibles, précaires, laborieusement rassemblés, ont aussi, pour inclination politique, le maintien et l'affermissement de l'ordre social, parce que, sitôt que cet ordre est troublé, ils tombent dans la souffrance.

Quant aux hommes dans les situations intermédiaires, c'est parmi eux surtout, comme nous l'avons dit, que l'on doit trouver les ambitions de mouvement, de changement. Les biens qu'ils possèdent, les avantages dont ils jouissent, suffisans pour donner de l'élan à leur imagination, de l'ardeur à leur tempérament, sont insuffisans pour satisfaire les désirs même qu'ils excitent. C'est par conséquent dans les situations intermédiaires qu'il y a le plus d'hommes à esprit entreprenant, mobile, progressif, et le moins d'hommes à inclinations permanentes, à esprit fixe, conservateur. Il suit de là qu'à l'époque où les mœurs générales indiquent, comme un besoin majeur dans l'ensemble de la génération, le besoin des douceurs de la vie, des commodités du bien-être, par conséquent de la stabilité des formes politiques, c'est jeter, dans la Constitution de l'État, un contre-sens funeste que de donner, par les formes politiques, une influence prépondérante à la classe moyenne. Cette classe, sans doute, doit être représentée, mais proportionnellement à la place qu'elle occupe dans la population civique et domiciliée; et l'on voit qu'il n'est qu'un moyen exact de lui donner cette représentation proportionnelle, c'est de représenter sans exception toute la partie civique et domiciliée de la population générale.

Mais ici se présente, comme n'étant peut-être pas encore épuisée, la circonstance qui a retenu sans doute les vues étendues et philosophiques de Louis XVIII. Les petits propriétaires, les hommes à industrie faible et précaire, qui composent les classes inférieures des citoyens, semblent partager encore les dispositions mobiles, expansives, de la classe moyenne, dispositions qu'ils ont héritées des temps révolutionnaires, et qui les rendent encore hostiles à la force de conservation.

S'il en est ainsi, ce que je n'oserais affirmer ni contredire, la Constitution actuelle, œuvre de transition, doit être encore maintenue; et la Constitution définitive, la Constitution bonne en principe, doit seulement être annoncée, préparée, pour un temps qui ne peut être éloigné. Les inclinations mobiles et progressives des classes inférieures ne peuvent durer long-temps encore, parce qu'elles ne sont pas naturelles; elles céderont bientôt aux influences naturelles et permanentes, aux influences de la situation. En Angleterre, les classes inférieures jouissent du droit d'élection; c'est par là qu'elles sont liées aux classes supérieures; les hommes de ces classes supérieures ne négligent rien pour étendre et affermir un patronage qui, à la vérité, leur a été originairement conféré par la Révolution d'une époque féodale; mais ce patronage s'établirait aujourd'hui naturellement par la seule réciprocité des besoins, si aujourd'hui, pour la première fois, les Anglais possesseurs de grandes fortunes, attendaient leur élection au Parlement du suffrage des hommes à petites propriétés, à petites industries, dont ils sont environnés. Ils auraient soin, par une obligeance soutenue, de se ménager dans leur canton la faveur populaire; ils conduiraient aisément, par des expériences journalières, les citoyens pauvres et laborieux à sentir que leur petite prospérité dépend d'un ordre social qui donne à la prospérité des riches de l'éclat et de la sécurité.

A toute époque de la durée des peuples, des services effectifs et réciproques entre des riches et des pauvres, vivant sur le même territoire, établissent inévitablement une vassalité plus ou moins compacte.

Tel est le moyen simple, éminemment social, qui, dans les États civilisés, existera sans cesse de fonder et maintenir une Aristocratie puissante, l'Aristocratie de la haute propriété. Cette Aristocratie différerait aujourd'hui de l'ancienne en ce que, mobile comme la roue de fortune, elle n'entraînerait pas essentiellement la transmission héréditaire de titres honorifiques, de priviléges attachés à des noms : genre de distinction que nos mœurs rendent désormais impossible. L'aristocratie de la haute propriété aurait tous les avantages de la supériorité de situation, sans en avoir les contre-sens et les caprices. Pour exercer une influence prononcée sur des voisins modestes, il ne suffirait pas à un riche propriétaire d'avoir reçu de ses ayeux son nom et sa fortune; il faudrait encore qu'il fût avec permanence et discernement le bienfaiteur, le guide, le protecteur de son arrondissement, et l'on voit, en Angleterre, cette heureuse nécessité sociale devenir la politique, l'habitude, l'inclination d'un grand nombre de seigneurs héréditaires. Le temps n'est pas éloigné où elle sera, en Angleterre et en France, la source principale d'élévation politique.

La Constitution anglaise se conforme au véritable esprit du Gouvernement représentatif, non-seulement en étendant le droit d'élection sur tous les membres de la cité, quelle que soit leur fortune, mais encore en faisant, de la publicité, une condition essentielle de la manifestation des suffrages. Rien, évidemment, n'est plus contradictoire que le Gouvernement représentatif, où toutes les fonctions doivent être le fruit de la confiance publique, et le *secret des scrutins*. Il y a, dans ce mode d'expression, un respect malheureux pour la séduction et la faiblesse. Le caractère de l'homme, dans les pays libres, doit se composer de courage et de franchise; l'homme qui craint de rendre publiquement hommage à celui qu'il estime, ou aux propositions qu'il approuve, est encore dans cette habitude de timidité politique, qui va bien à la jeunesse, mais qui ne convient plus à l'âge de maturité.

Tous les excès cependant amènent des résultats semblables. En Angleterre, les électeurs se réunissent dans des lieux publics; là, ils s'échauffent, s'exaltent; là, le plus véhément commande, entraîne ou opprime; il y a scandale, tumulte; les hommes modérés cèdent ou s'écartent; il n'y a point absolue et franche liberté.

Que cette influence des hommes violens, ou seulement de l'exaltation inévitable dans les réunions populaires, soit remplacée par un mode de manifestation qui, sans doute, mettra aussi en œuvre des influences personnelles, mais d'un genre réclamé par les besoins de l'époque, du genre favorable à la paix publique et à la stabilité. Que, dans chaque commune, une commission composée du Maire, du Juge de paix, du Ministre du culte, soit catholique, soit protestant, et de quatre citoyens désignés par le sort, se rende, à jour indiqué, au domicile de tout homme jouissant des droits civils, et, à ce titre, ayant droit de suffrage; qu'elle lui demande le nom de l'homme sur lequel sa confiance repose, qu'elle inscrive ce nom, avec celui du mandataire, sur une liste destinée à être affichée dans la commune, publiée ensuite dans le journal du département, et ultérieurement par le Moniteur; que les voix soient ainsi comptées par la notoriété publique, sans intervention d'assemblées électorales, sans formation, toujours si litigieuse, de listes d'électeurs; à de telles conditions, le vœu public sera exprimé sans rumeur, sans désordre, et l'on ne peut douter qne, surtout dans les petites villes, dans les villages, dans les campagnes, le vœu public appellera aux fonctions législatives, soit des propriétaires bienfaiteurs de leur arrondissement, soit des hommes ayant acquis dans des fonctions, civiles ou judiciaires, des connaissances spéciales, et liés, par ces mêmes fonctions, à la stabilité du gouvernement.

Mais, ici, une objection se présente, ou plutôt une inquiétude s'élève : ces quatre citoyens désignés par le sort, qui accompagneront le Maire et le Juge de paix dans leurs visites domiciliaires, suffiront-ils pour garantir la liberté des suffrages ?

Pas toujours, sans doute ; mais on ne saurait refuser de reconnaître que des élections absolument libres de toute influence sont impossibles. L'expérience de quinze années vient de nous apprendre que, dans toute assemblée d'électeurs, il y a une influence principale, celle des hommes passionnés, ici dans le sens progressif, là dans le sens conservateur. Le Gouvernement lui-même, selon qu'il redoute les uns ou les autres, met, le plus qu'il lui est possible, en action et en évidence, les hommes qui leur sont opposés;

et ces hommes du Gouvernement exercent une domination, ou du moins produisent un entraînement plus ou moins efficace. Il résulte de là que les Assemblées électorales sont toujours incomplètes; les hommes qui, par leurs opinions, ou leurs inclinations, adhèrent au parti qu'ils savent être en minorité, ne s'y rendent pas; il en est de même de ceux que le tumulte épouvante, de ceux qui n'aiment point à être intimidés, subjugués, ou qui du moins auraient honte de le paraître.

Et le secret du scrutin favorise encore l'impulsion donnée par les hommes d'une ambition ardente; de tels hommes ont toujours de l'activité, de l'adresse, la connaissance du cœur humain; ils caressent dans l'ombre les faiblesses humaines.

Sans doute, le fonctionnaire public, l'homme opulent, fixés au sein d'une population champêtre, peuvent aussi être des ambitieux d'un caractère ardent. Mais pourquoi emploieraient-ils, pour obtenir la députation, des voies secrètes ou détournées? N'ont-ils pas, par leur position même, la faculté de rendre, et long-temps d'avance, de nombreux services? N'est-il pas naturel qu'ils aient recours à ce moyen d'influence? Leur ambition tourne ainsi à l'avantage de leurs concitoyens; et elle peut se montrer.

Insistons sur cette condition vitale du Gouvernement représentatif : la publicité. Est-il convenable qu'elle manque à l'opération fondamentale? D'un autre côté, est-il convenable que cette opération fondamentale se fasse, comme en Angleterre, avec publicité, mais avec désordre et violence? Il faut cependant choisir : les suffrages doivent être portés à un point commun, à une assemblée, ou bien ils doivent être recueillis à domicile. Dans le premier cas, indépendamment des inconvéniens que nous venons de signaler, n'y a-t-il pas, pour beaucoup d'électeurs, les frais et les embarras de déplacemens, la nécessité de perdre un temps précieux, de négliger des affaires pressantes? N'a-t-on pas éprouvé que les considérations de ce genre en retenaient un grand nombre; et si l'opération fondamentale a besoin de publicité et de calme, n'a-t-elle pas besoin aussi d'exactitude, d'intégrité, d'universalité?

Je demande que l'on veuille bien y réfléchir, sans préventions, avec impartialité. Le Gouvernement représentatif est tout entier dans la sincérité des élections, c'est-à-dire dans leur correspondance la plus exacte possible avec les dispositions générales. Si, à l'époque actuelle, les Français sont généralement disposés, surtout dans les petites villes, dans les villages, dans les campagnes, à désirer le repos social, et à confier la défense de leurs droits, de leurs intérêts, de leur liberté, aux hommes qui, placés près d'eux, les protègent de leur autorité, civile ou judiciaire, ou bien les aident de leur fortune, voilà surtout ce que les élections doivent manifester.

Dans les petites villes, dans les villages, dans les campagnes, il est une action morale, de nature douce, pacifique, conciliante; c'est celle du Curé ou du Pasteur évangélique. Aujourd'hui que le Clergé ne forme plus un Ordre dans l'Etat, et qu'il est devenu à jamais impossible de lui rendre cette situatiou politique, les Ministres des cultes ne sont que des Magistrats de conscience, et, à ce titre, des citoyens éminemment utiles. Non-seulement ils devraient être électeurs et éligibles comme tous les citoyens; mais, ainsi que le Maire et le juge de paix, ils seraient très convenablement placés dans les commissions locales chargées de recueillir les suffrages; en les honorant ainsi aux yeux de leurs concitoyens, en leur donnant, pour la circonstance politique la plus importante, une mission de confiance, on les attacherait au système représentatif; ce qui avancerait singulièrement la conciliation générale.

Je ne crois point m'abuser en affirmant que la Chambre élective, constituée d'après les procédés que j'indique, répondrait pleinement aux deux besoins qui, en ce moment, nous pressent, au besoin de liberté politique, et de Monarchie inébranlable. La Chambre élective, au lieu d'être, comme la Chambre produite par la Constitution actuelle, incomplète, fractionnaire, presqu'uniquement représentative du parti essentiellement progressif, par conséquent sans mission suffisante, sans mission générale, représenterait avec pleine réalité tout le Peuple Français, puisque tout citoyen d'une classe et d'une fortune quelconques, aurait concouru à la former ; et, cependant, l'expression des vœux publics ne serait confiée, en majorité imposante, qu'à des hommes intéressés par situation, par caractère, par expérience, à la stabilité de l'édifice social, par conséquent à l'inexpugnable solidité de la voûte exhaussée, majestueuse, dont le trône est la clé.

La Chambre des Pairs, dans une Monarchie représentative, doit former cette voûte exhaussée et majestueuse, portant à son centre le trône qu'elle décore et qu'elle affermit. Pour que l'image soit complète, on sent combien il est nécessaire que cette partie de l'édifice soit, par ses bases, liée à l'ensemble. On sent de plus que c'est surtout dans sa construction que tous les soins, à la fois élégans et conservateurs, doivent être apportés.

Il est d'ailleurs une considération importante,

Comme, à un âge quelconque, tout peuple, ainsi que tout individu, n'est jamais qu'au début de l'âge subséquent; comme cet âge subséquent ne fera jamais qu'affermir, en lui, les dispositions organiques auxquelles il est déjà parvenu; comme, d'après cette condition universelle de l'existence vitale, le Peuple Français, aujourd'hui dans l'âge mûr, aujourd'hui pouvant être représenté par un homme d'environ cinquante ans, mûrira encore, vieillira, et toujours augmentera d'inclination pour le bien-être, pour le repos, pour la stabilité des formes politiques, la Chambre des Pairs aussi doit être constituée conformément à cette gradation de mœurs paisibles.

Ce qui rendrait singulièrement avantageuse une organisation parfaite de Gouvernement représentatif, c'est qu'un tel Gouvernement ne cesserait jamais d'être le plus convenable, puisque, tributaire successif de toutes les modifications éprouvées par le peuple, dans ses goûts, ses besoins, il se moulerait successivement sur les progrès de l'âge, et sur les changemens qu'il amène; c'est ainsi que seraient à jamais prévenues ces crises de tempérament, que l'on nomme Révolutions. Dans la vie des peuples, comme dans celle de l'individu, les crises, les Révolutions, ne résultent jamais que d'une trop longue résistance au besoin de changement. N'oublions point, d'un autre côté, pour fixer les principes, qu'une trop grande précipitation dans la marche du changement amène la nécessité de crises ou plutôt de préservatifs en sens inverse ; tout peuple, livré sans mesure au torrent du changement, aurait bientôt terminé son existence ; tout peuple, au contraire, soumis, depuis son âge mûr, à un Gouvernement représentatif bien ordonné, parviendrait en paix et sans douleur à la plus extrême vieillesse.

Pour la perfection de cette organisation représentative, il est d'abord nécessaire que les corps délibérants, les deux Chambres, aient un caractère politique différent. Si elles avaient un même caractère politique, elles ne formeraient, en réalité, qu'un seul corps divisé en deux sections. Et tel est un des défauts de la Constitution actuelle.

Si la Chambre élective était constituée d'après le plan que nous avons tracé, comme elle représenterait toutes les classes de citoyens, elle reproduirait tous les genres d'inclinations politiques; et nous savons que ces divers genres d'inclinations, combinant, de part et d'autre, leurs nuances contiguës, se réduisent toujours, d'une part aux inclinations progressives, de l'autre part aux inclinations conservatrices.

Afin que la Chambre des Pairs eût un caractère politique différent de celui de la Chambre élective, il faudrait qu'elle reproduisît exclusivement, ou l'esprit de conservation, ou l'esprit de progrès. Or, ce n'est pas à presser le développement social qu'elle peut être appelée : ce n'est évidemment qu'à le modérer, à le retenir. Sa fonction doit être, l'âge mûr étant arrivé, la vieillesse s'annonçant, de prolonger sagement, prudemment, la vie. On peut donc établir, en principe, que la constitution de la Chambre des Pairs doit la conduire à être essentiellement, spécialement, pénétrée de l'esprit conservateur.

Pour approcher le plus possible de cette disposition, voici les moyens d'organisation qui me paraissent les plus efficaces.

Le droit de faire partie de l'Aréopage conservateur serait d'abord conféré directement, immédiatement, sans élection, par la réunion des trois conditions qui donnent le plus naturellement à l'homme le besoin d'ordre public, de paix sociale, d'institutions permanentes. Premièrement, une grande fortune territoriale, signalée par une cote d'imposition très élevée; secondement, un âge mûr, l'âge de cinquante ans; troisièmement, une famille; chacune de ces trois conditions rigoureusement exigibles, de manière à ce que l'homme qui, par exemple, aurait rempli les deux premières, et même la troisième, cessât d'appartenir à la Chambre conservatrice, s'il perdait ses enfans. Mais il ne faudrait pas d'autre investiture que la présentation de ces trois titres : une famille vivante, l'âge de cinquante ans, et une fortune territoriale très considérable, atteignant par l'impôt une somme fixée, la somme de vingt mille francs par exemple, et ne pouvant descendre au dessous sans entraîner l'exclusion.

Par une telle institution, le morcellement des propriétés, l'un des effets naturels du mouvement de progrès, aurait un contre-poids. De plus, un but de noble ambition serait présenté à tout homme de talent et d'un beau caractère, quelle que fût sa position originelle. Se donner une famille, en soigner l'existence, acquérir, par une industrie honorable, une grande fortune territoriale, et, sans autre présentation, se réunir, à l'âge de cinquante ans, aux hommes chargés de retenir leurs concitoyens dans les voies de la prudence, de la sagesse, de la justice, ce serait, pour bien des jeunes gens plein d'ardeur, une féconde et saine espérance. La Couronne alors, et toutes les institutions graves, cesseraient d'être exposées au danger d'avoir pour soutiens immédiats des hommes nouveaux en politique, nouveaux même dans la vie, n'offrant, pour garantie de leurs opinions et de leurs intentions, que le nom et la fortune de leurs ancêtres. Toute féodalité serait terminée.

Mais ce *Sénat Conservateur* (dénomination véritable, que peut-être il ne faudrait pas écarter pour avoir été, dans d'autres tems, appliquée à un corps beaucoup trop favorable aux mouvemens de progrès), ce Sénat Conservateur serait incomplet, s'il ne représentait que la haute propriété territoriale, la maturité de l'âge, et l'esprit de famille. Le Monarque aussi devrait y être directement représenté, car à la couronne sont attachées de hautes et spéciales prérogatives, dont la conservation, d'ailleurs si nécessaire à l'ordre public, intéresse vivement, personnellement, l'honneur et toutes les affections de l'homme qui les exerce, que cependant il ne peut défendre par lui-même. Il serait donc nécessaire que le Sénat fût spécialement Conservateur de la Royauté, que, pour cette raison, le Roi eut le droit d'y placer un certain nombre d'hommes de son choix, dont il récompenserait ainsi le dévoûment, l'illustration, les services, à qui il ne demanderait point les trois conditions que nous avons indiquées. Mais ces places de *Sénateurs royaux* ne seraient pas plus héréditaires que les places de *Sénateurs nationaux*. Il n'y aurait, dans l'État, de dignité héréditaire que celle du Roi.

Il est de droit et de principe que l'impôt nécessaire à l'action du Gouvernement soit discuté, consenti, voté annuellement, par la représentation générale. Mais, dans l'usage actuel, c'est ce qui n'a point lieu; chaque session se termine sans que l'impôt puisse être voté en réalité par la Chambre des Pairs. Son acceptation est illusoire, car elle est contrainte. Est-il convenable que les Représentans de la haute propriété n'aient point de contrôle à exercer sur l'administration de la fortune publique? Cette anomalie serait évitée si, tandis que la Chambre élective discuterait en première instance les lois d'un ordre quelconque que le Roi lui ferait présenter par ses Ministres, la Chambre des Pairs discutait également en première instance, et dès l'ouverture de la session, le projet de loi sur l'impôt de l'année. Cette discussion, plus exposée que toute autre à devenir critique et orageuse lorsque c'est la Chambre élective qui la commence, portée d'abord à la Chambre des Pairs, y serait d'ordinaire calme, grave, lumineuse; ce qui inviterait ensuite, par l'exemple, par le point d'honneur, la Chambre élective à lui donner le même caractère. Une telle disposition d'ailleurs abrégerait le temps et la fatigue des sessions.

---

Je crois avoir parcouru tout ce qu'il y a d'important et de fondamental dans le régime convenable à l'âge actuel du Peuple Français.

Mais la question d'a-propos et de circonstance, que nous avons déjà posée, est aujourd'hui d'un grand intérêt. Le moment est-il venu d'établir le Régime qui convient à notre âge? Non entièrement peut-être; je crains moins d'affirmer que ce moment ne saurait être éloigné. L'expérience a suffisamment parlé; la dernière surtout a été bien frappante. M. de Martignac et ses collègues étaient des hommes singulièrement remarquables non seulement par les talens de cabinet et de tribune, mais encore par la droiture d'intentions, par la loyauté de caractère, par là probité politique. C'était avec autant de franchise que de zèle qu'ils voulaient mettre en exercice réel et complet la Charte de Louis XVIII; placés avec fermeté sur la ligne de l'ordre légal et constitutionnel, ils y marchaient sans hésitation, mais aussi sans précipitation, attentifs à éviter, autant qu'il leur serait possible, et les froissemens et les détours.

Quelle a été cependant leur récompense, et quelle était, dans l'opinion publique, la situation de ce Ministère si digne de confiance et d'estime? Deux camps étaient formés, comme pendant le Ministère de M. Decazes, pendant le Ministère de M. de Richelieu, pendant le Ministère de M. de Villèle. D'une part on s'alarmait du terme où paraissait conduire l'ordre légal et constitutionnel; d'un autre côté on s'irritait de ce que l'ordre légal et constitutionnel ne s'établissait point d'une manière assez rapide, assez formelle; c'était d'une part l'esprit conservateur qui exprimait sa prévoyance d'un ton d'effroi; c'était, de l'autre part, l'esprit de progrès qui exprimait son impatience avec humeur, quelquefois avec colère; de part et d'autre, les plaintes étaient vives, éloquentes, parce qu'elles étaient de bonne foi, parce qu'elles s'excitaient réciproquement à l'injustice, à l'exagération, à l'amertune.

On ne peut s'abuser: Lorsqu'un Régime social, mis en œuvre par des hommes qui ont l'intention manifeste de lui être fidèles, froisse en même temps l'esprit de conservation et l'esprit de progrès; lorsque les organes de ces deux impulsions essentielles se montrent mécontens, irrités, et au même degré, quoique ce soit en sens inverse, ce n'est pas aux Directeurs du Régime qu'il faut s'en prendre, c'est au Régime même. Au-dessous du Régime parfait, qui satisferait également les hommes à inclinations progressives et les hommes à inclinations conservatrices, il y aurait encore le Régime imparfait et peu durable, qui n'aurait que l'un de ces deux partis pour soutien et pour approbateur; mais, se donner les deux partis pour adversaires également acharnés, également intraitables, ce ne peut être que le funeste privilége d'un mode de Gouvernement sans opportunité.

Que demandent aussi les hommes conservateurs? qu'on le modifie, qu'on le change au profit de l'Autorité conservatrice. Que demandent au contraire les hommes progressifs? Observons-le bien! Ils demandent qu'on l'exécute rapidement et à la lettre; ils déclarent ainsi, sans le vouloir, qu'ils découvrent, dans la lettre de ce Régime, des moyens puissans de pousser l'esprit de progrès jusqu'à un entier triomphe. Aussi encore, et c'est une autre remarque non moins importante, tandis que les hommes du parti progressif invoquent avec ardeur l'exécution prompte et entière de la Charte, aucun de leurs écrivains ne discute la valeur politique de cette Charte, considérée en elle-même; aucun n'emploie l'esprit, le talent, la dialectique dont presque tous abondent, à démontrer que la Charte de Louis XVIII est en elle-même une œuvre politique bien conçue, à laquelle on doit estime en même temps que soumission.

Soyons sincères; il en est temps; c'est d'ailleurs le seul moyen de s'apaiser et de s'entendre. La Charte de Louis XVIII a rempli son objet. Par son secours, nous avons traversé, non avec tranquillité, mais sans périr, une crise effrayante, résultat de catastrophes précipitées, qui avaient refoulé jusques au cœur de l'État les humeurs les plus discordantes. Aujourd'hui l'orage est épuisé; ce n'est plus en nous-mêmes qu'est la source de notre agitation, c'est dans la nature et la prolongation du remède.

En quel moment, par qui, de quelle manière ce remède, devenu superflu, sera-t-il remplacé par le Régime de santé, de liberté, d'harmonie et de force? C'est ce que j'ignore; mais, c'est ce qui bientôt se décidera sans doute.

Puisse, dans une situation si pressante, le Gouvernement se concerter avec les Chambres législatives!... Tout alors deviendrait si facile!...

Mais si un concert si désirable ne pouvait s'établir, si des préventions hostiles, inconciliables, que je n'annonce pas, que j'écarte de tous mes vœux, mais que je m'efforce vainement de croire impossibles, repoussaient toute transaction, tout palliatif aux vices fondamentaux de notre constitution politique; si, d'ailleurs, toute transaction, tout palliatif, ne pouvaient que prolonger l'anxiété, l'agitation, l'instabilité, effets nécessaires d'un état de choses, d'un Régime, sans concordance avec les dispositions générales; si le Roi de France, si Charles X, qui rappelle les vertus, la piété, la loyauté, les intentions patriotiques de Louis XVI, se trouvait, sous un important rapport, dans une situation semblable à celle de ce Monarque, qui avait juré la constitution de 1791, qui fit religieusement les efforts les plus sincères, les plus inutiles, pour la maintenir; si Charles X, arrêté par la même impossibilité de rendre désormais convenable au Peuple Français la Charte de 1814, d'en prolonger l'existence, était relevé de son serment de Rheims par la certitude de cette impossibilité; si pour prévenir, non un horrible attentat qui n'est plus dans les craintes de personne, mais les troubles, les calamités, qui suivent toujours l'ébranlement des Dynasties, il était contraint de saisir un moment la Dictature, ce ne pourrait être que pour se donner le temps de préparer et organiser la Constitution que notre âge réclame, la Constitution qui, seule, répond à tous les intérêts, à tous les besoins, qui, seule, met le Peuple entier en exercice de ses droits, en manifestation de ses vœux, de ses pensées, qui, seule, peut être calme, permanente, parce que, seule, elle est représentative en réalité.

La Dictature dans un autre but n'aurait que la durée d'une tempête; à son terme l'anarchie, l'usurpation, l'invasion étrangère !...

Je m'arrête. J'ai rempli la tâche que m'imposaient ma conviction et le désir de voir commencer le repos de ma patrie.

www.ingramcontent.com/pod-product-compliance
Lightning Source LLC
LaVergne TN
LVHW020352230826
846091LV00003B/1071

* 9 7 8 2 0 1 2 9 5 9 1 5 6 *